Rythmes de la Mesa
Essence de l'Espagne

Gabrielle Duval

RÉSUMÉ

- SALMOREJO CORDOBANO 24
  - CONTENU 24
  - TRAITEMENT 24
  - DECEVOIR 24
- SOUPE À L'OIGNON 25
  - CONTENU 25
  - TRAITEMENT 25
  - DECEVOIR 25
- SOUPE ITALIENNE AVEC VIANDE ET LÉGUMES 26
  - CONTENU 26
  - TRAITEMENT 26
  - DECEVOIR 27
- SOUPE DE HOMARD 28
  - CONTENU 28
  - TRAITEMENT 28
  - DECEVOIR 29
- CASSETTE DE LÉGUMES 30
  - CONTENU 30
  - TRAITEMENT 30
  - DECEVOIR 31
- BETTERAVE MAISON 32
  - CONTENU 32
  - TRAITEMENT 32

DECEVOIR 32
GÂTEAU À LA CITROUILLE ET AU SAUMON 33
    CONTENU 33
    TRAITEMENT 33
    DECEVOIR 34
ARTICHAUT AUX CHAMPIGNONS ET PARMESAN 35
    CONTENU 35
    TRAITEMENT 35
    DECEVOIR 36
AUBERGINE MARINÉE 37
    CONTENU 37
    TRAITEMENT 37
    DECEVOIR 38
MÉLANGE DE PETITS HARICOTS SERRANO HAMLU 39
    CONTENU 39
    TRAITEMENT 39
    DECEVOIR 39
TRINXAT 40
    CONTENU 40
    TRAITEMENT 40
    DECEVOIR 40
GRATIN DE BROCOLI AU BACON ET SAUCE AURORA 41
    CONTENU 41
    TRAITEMENT 41
    DECEVOIR 41
PLANCHES AUX CREVETTES ET CLASTER À LA SAUCE VERTE 42

- CONTENU 42
- TRAITEMENT 42
- DECEVOIR 43

OIGNON CARAMÉLISÉ 44
- CONTENU 44
- TRAITEMENT 44
- DECEVOIR 44

CHAMPIGNONS TOURNÉS AU SERRANO CRUS ET PESTO 45
- CONTENU 45
- TRAITEMENT 45
- DECEVOIR 45

Chou-fleur à l'ail 46
- CONTENU 46
- TRAITEMENT 46
- DECEVOIR 46

CARNAGARDEN REJETÉ 47
- CONTENU 47
- TRAITEMENT 47
- DECEVOIR 47

DUKSEL 48
- CONTENU 48
- TRAITEMENT 48
- DECEVOIR 48

DINDE AU SAUMON FUMÉ ET DINDE 49
- CONTENU 49
- TRAITEMENT 49

DECEVOIR	49
LOMBARD SÉGOVIEN	50
CONTENU	50
TRAITEMENT	50
DECEVOIR	50
SALADE DE POIVRONS RÔTIS	52
CONTENU	52
TRAITEMENT	52
DECEVOIR	53
POIS FRANCAIS	54
CONTENU	54
TRAITEMENT	54
DECEVOIR	55
CRÈME D'ÉPINARDS	56
CONTENU	56
TRAITEMENT	56
DECEVOIR	57
PETITS HARICOTS À LA SAUCISSE BLANCHE	58
CONTENU	58
TRAITEMENT	58
DECEVOIR	58
Haricots verts au jambon	59
CONTENU	59
TRAITEMENT	59
DECEVOIR	60
Aliments pour agneaux	61

- CONTENU 61
- TRAITEMENT 61
- DECEVOIR 62

Millefeuille d'aubergines au FROMAGE DE CHÈVRE, MIEL ET CURRY 63
- CONTENU 63
- TRAITEMENT 63
- DECEVOIR 63

GÂTEAU AUX ASPERGES BLANCHES ET SAUMON FUMÉ 65
- CONTENU 65
- TRAITEMENT 65
- DECEVOIR 65

PIQUILLO PIQUILLO AVEC MORCILLA À LA SAUCE MOUTARDE DOUCE 66
- CONTENU 66
- TRAITEMENT 66
- DECEVOIR 66

TARTELETTES À LA SAUCE AUX AMANDES 68
- CONTENU 68
- TRAITEMENT 68
- DECEVOIR 69

PISTON 70
- CONTENU 70
- TRAITEMENT 70
- DECEVOIR 71

POIREAU AUX LÉGUMES DE SAISON 72

- CONTENU 72
- TRAITEMENT 72
- DECEVOIR 72

POIREAUX, BACON ET FROMAGE RAPIDE 74
- CONTENU 74
- TRAITEMENT 74
- DECEVOIR 75

TOMATES PROVENÇALES 76
- CONTENU 76
- TRAITEMENT 76
- DECEVOIR 76

OIGNON FARCI 77
- CONTENU 77
- TRAITEMENT 77
- DECEVOIR 77

CRÈME DE CHAMPIGNONS À LA NOIX 79
- CONTENU 79
- TRAITEMENT 79
- DECEVOIR 79

Gâteau TOMATE ET BASILIC 80
- CONTENU 80
- TRAITEMENT 80
- DECEVOIR 80

CASSERO DE POMMES DE TERRE AU POULET ACTUEL 81
- CONTENU 81
- TRAITEMENT 81

- DECEVOIR 82
- OEUFS MOUS 83
  - CONTENU 83
  - TRAITEMENT 83
  - DECEVOIR 83
- INGRÉDIENT POMME DE TERRE 84
  - CONTENU 84
  - TRAITEMENT 84
  - DECEVOIR 85
- Œuf de taupe aux cèpes 86
  - CONTENU 86
  - TRAITEMENT 86
  - DECEVOIR 87
- POMME DE TERRE ET MANCHE BLANCHE 88
  - CONTENU 88
  - TRAITEMENT 88
  - DECEVOIR 89
- OMELETTE CUITE (ROPA VIEJA) 90
  - CONTENU 90
  - TRAITEMENT 90
  - DECEVOIR 90
- Pommes de terre farcies au saumon fumé, bacon et aubergines 91
  - CONTENU 91
  - TRAITEMENT 91
  - DECEVOIR 92
- CROCKET DE POMMES DE TERRE ET FROMAGE 92

- CONTENU 92
- TRAITEMENT 92
- DECEVOIR 93

BONNES FRITES 94
- CONTENU 94
- TRAITEMENT 94
- DECEVOIR 94

OEUFS À LA FLORENTINE 95
- CONTENU 95
- TRAITEMENT 95
- DECEVOIR 95

CASSEROLE DE POMMES DE TERRE AVEC GRENOUILLE PÊCHE ET CREVETTES 96
- CONTENU 96
- TRAITEMENT 96
- DECEVOIR 97

ŒUF À LA FLAMENCO 98
- CONTENU 98
- TRAITEMENT 98
- DECEVOIR 98

Tortilla PAISANA 99
- CONTENU 99
- TRAITEMENT 99
- DECEVOIR 100

Oeufs au four avec saucisses et moutarde 101
- CONTENU 101

- TRAITEMENT 101
- DECEVOIR 101

OMELETTE DE POMMES DE TERRE AVEC SAUCE 102
- CONTENU 102
- TRAITEMENT 102
- DECEVOIR 103

EN PURRUSION 104
- CONTENU 104
- TRAITEMENT 104
- DECEVOIR 104

PATATES FRITES 106
- CONTENU 106
- TRAITEMENT 106
- DECEVOIR 106

MÉLANGE DE CHAMPIGNONS 107
- CONTENU 107
- TRAITEMENT 107
- DECEVOIR 107

OEUFS SUR UNE ASSIETTE AVEC ANCHIO ET OLIVES 108
- CONTENU 108
- TRAITEMENT 108
- DECEVOIR 109

POMMES DE TERRE À LA CRÈME AU BACON ET PARMESAN ... 109
- CONTENU 109
- TRAITEMENT 109
- DECEVOIR 110

OEUFS TRÈS BOUILLIS 110
    CONTENU 110
    TRAITEMENT 110
    DECEVOIR 110

POMME DE TERRE RIDEE 111
    CONTENU 111
    TRAITEMENT 111
    DECEVOIR 111

OEUFS RACLÉS AUX CHAMPIGNONS, CREVETTES ET TRIGUERO 112
    CONTENU 112
    TRAITEMENT 112
    DECEVOIR 113

MÉLANGER LES POMMES DE TERRE AVEC LE CHORIZO ET LE POIVRON VERT 114
    CONTENU 114
    TRAITEMENT 114
    DECEVOIR 115

MAUVAISES POMMES DE TERRE 115
    CONTENU 115
    TRAITEMENT 115
    DECEVOIR 116

Le Grand-Duc des œufs durs 116
    CONTENU 116
    TRAITEMENT 116
    DECEVOIR 117

Pommes de terre aux côtes levées 118
    CONTENU 118
    TRAITEMENT 118
    DECEVOIR 119
OEUFS AU PAIN 119
    CONTENU 119
    TRAITEMENT 119
    DECEVOIR 120
POMME DE TERRE AUX NOISETTES 120
    CONTENU 120
    TRAITEMENT 120
    DECEVOIR 120
Oeufs de cheville 122
    CONTENU 122
    TRAITEMENT 122
    DECEVOIR 122
POMMES DE TERRE DE LA RIOJANA 123
    CONTENU 123
    TRAITEMENT 123
    DECEVOIR 124
POMMES DE TERRE AU POISSON COUPE 124
    CONTENU 124
    TRAITEMENT 124
    DECEVOIR 125
OMELETTE DE CREVETTES À L'AIL 126
    CONTENU 126

- TRAITEMENT 126
- DECEVOIR 126

POMMES DE TERRE LÉGÈRES À LA MORUE 127
- CONTENU 127
- TRAITEMENT 127
- DECEVOIR 128

PURÉE DE POMME DE TERRE 129
- CONTENU 129
- TRAITEMENT 129
- DECEVOIR 129

OMELETTE AUX HARICOTS ET MORCILLA 130
- CONTENU 130
- TRAITEMENT 130
- DECEVOIR 130

LA RENCONTRE D'AGLI ET TRIGUEROS 132
- CONTENU 132
- TRAITEMENT 132
- DECEVOIR 132

MÉTÉO DE POMMES DE TERRE AVEC NÍSCALE 133
- CONTENU 133
- TRAITEMENT 133
- DECEVOIR 134

Omelette aux cèpes et crevettes 135
- CONTENU 135
- TRAITEMENT 135
- DECEVOIR 135

ŒUF GRATINÉ 136
    CONTENU 136
    TRAITEMENT 136
    DECEVOIR 136

OMELÈTE AVEC MARIONNETTE ET TOMATES 137
    CONTENU 137
    TRAITEMENT 137
    DECEVOIR 137

POMMES DE TERRE REVOLCONAS DE TORREZNOS 139
    CONTENU 139
    TRAITEMENT 139
    DECEVOIR 140

OMELETTE AUX CHAMPIGNONS ET PARMESAN 141
    CONTENU 141
    TRAITEMENT 141
    DECEVOIR 141

soufflé aux pommes de terre 142
    CONTENU 142
    TRAITEMENT 142
    DECEVOIR 142

OMELETTE 143
    CONTENU 143
    TRAITEMENT 143
    DECEVOIR 143

POMME DE TERRE DUCHESSE 144
    CONTENU 144

TRAITEMENT	144
DECEVOIR	144
RIZ À CUBA	**146**
CONTENU	146
TRAITEMENT	146
DECEVOIR	146
SOUPE DE RIZ AUX MOULES, MOULES ET CREVETTES	**147**
CONTENU	147
TRAITEMENT	147
DECEVOIR	148
RIZ CANTONIEN AU POULET	**149**
CONTENU	149
TRAITEMENT	149
DECEVOIR	150
COQUE DE RIZ	**151**
CONTENU	151
TRAITEMENT	151
DECEVOIR	152
RIZ CATALIEN	**153**
CONTENU	153
TRAITEMENT	154
DECEVOIR	154
SOUPE AUX HARICOTS BLANCS ET AU RIZ	**155**
CONTENU	155
TRAITEMENT	155
DECEVOIR	156

RIZ TONON FRAIS 157
    CONTENU 157
    TRAITEMENT 157
    DECEVOIR 158

RIZ AU POULET, BACON, AMANDES ET RAISINS 159
    CONTENU 159
    TRAITEMENT 159
    DECEVOIR 160

RIZ À LA MORUE ET HARICOTS BLANCS 161
    CONTENU 161
    TRAITEMENT 161
    DECEVOIR 162

Riz au homard 163
    CONTENU 163
    TRAITEMENT 163
    DECEVOIR 164

RIZ GREC 165
    CONTENU 165
    TRAITEMENT 165
    DECEVOIR 166

RIZ PANÉ 167
    CONTENU 167
    TRAITEMENT 167
    DECEVOIR 168

RIZ AUX FRUITS DE MER 169
    CONTENU 169

TRAITEMENT	169
DECEVOIR	170

RIZ TROIS DÉLICES 171

CONTENU	171
TRAITEMENT	171
DECEVOIR	171

EN PARTENARIAT AVEC MELOUS RICE 172

CONTENU	172
TRAITEMENT	172
DECEVOIR	173

RISOTTO AUX ASPERGES SAUVAGES ET AU SAUMON 174

CONTENU	174
TRAITEMENT	174
DECEVOIR	175

RIZ À LA GRENOUILLE PÊCHE, POIS CHICHES ET ÉPINARDS 176

CONTENU	176
TRAITEMENT	176
DECEVOIR	177

RIZ OU CALDEIRO 178

CONTENU	178
TRAITEMENT	178
DECEVOIR	179

RIZ NOIR AUX CALMARS 180

CONTENU	180
TRAITEMENT	180
DECEVOIR	181

RIZ 182
    CONTENU 182
    TRAITEMENT 182
    DECEVOIR 182

FIDEUÁ DE POISSON ET DE FRUITS DE MER 183
    CONTENU 183
    TRAITEMENT 183
    DECEVOIR 184

PÂTES À LA PUTANESCA 185
    CONTENU 185
    TRAITEMENT 185
    DECEVOIR 186

CANNELLONI ÉPINARDS ET REGINA 187
    CONTENU 187
    TRAITEMENT 187
    DECEVOIR 188

SPAGHETTI DE MER 189
    CONTENU 189
    TRAITEMENT 189
    DECEVOIR 190

LASAGN AUX PÂTES FRAÎCHES À LA FLORENTINE 191
    CONTENU 191
    TRAITEMENT 192
    DECEVOIR 193

SPAGHETTI CARBONARA 194
    CONTENU 194

TRAITEMENT	194
DECEVOIR	194

CANNELLONI DE VIANDE AUX CHAMPIGNONS BESAM 195

CONTENU	195
TRAITEMENT	196
DECEVOIR	196

GROUPE CALMARS ET LASAgna 197

CONTENU	197
TRAITEMENT	198
DECEVOIR	198

PAELLA MIXTE 199

CONTENU	199
TRAITEMENT	199
DECEVOIR	200

LASAgne AU FROMAGE FRAIS ET LÉGUMES AU CUMIN 201

CONTENU	201
TRAITEMENT	201
DECEVOIR	202

OÙ EST LA SAUCE YAOURT ET TON BAĞLI ? 203

CONTENU	203
TRAITEMENT	203
DECEVOIR	203

GNOCCHI DE POMMES DE TERRE AVEC SAUCE AU FROMAGE BLEU ET PISTACHES 204

CONTENU	204
TRAITEMENT	204

- DECEVOIR 205
- PÂTES CARBONARA AU SAUMON 206
  - CONTENU 206
  - TRAITEMENT 206
  - DECEVOIR 206
- TAGLIATELLES AUX CÈPES 207
  - CONTENU 207
  - TRAITEMENT 207
  - DECEVOIR 207
- PIZZA AU BARBECUE 208
  - CONTENU 208
  - TRAITEMENT 209
  - DECEVOIR 210
- RISOTTO À LA SAUCISSE BLANCHE AU VIN ROUGE ET À LA ROQUÉE 211
  - CONTENU 211
  - TRAITEMENT 211
  - DECEVOIR 212
- Nouilles aux crevettes, légumes et lanières de soja 213
  - CONTENU 213
  - TRAITEMENT 213
  - DECEVOIR 214
- TAGLIATELLES DE ROSSEJAT AUX CALMARS ET CREVETTES 215
  - CONTENU 215
  - TRAITEMENT 215
  - DECEVOIR 216

Nouilles au filet de porc à CABRALES 217
    CONTENU 217
    TRAITEMENT 217
    DECEVOIR 217

SOPHISTE DE MONTAGNE..218
    CONTENU 218
    TRAITEMENT 218
    DECEVOIR 219

HARICOTS DE TOULOUSE 220
    CONTENU 220
    TRAITEMENT 220

SALMOREJO CORDOBANO

CONTENU

1 kg de tomates

200 g de pain

2 gousses d'ail

Vinaigre

100 ml d'huile d'olive

sel

TRAITEMENT

Fouettez le tout sauf l'huile et le vinaigre. Passez-le dans un rondo et ajoutez l'huile petit à petit tout en continuant de fouetter. Assaisonner avec du sel et du vinaigre.

DECEVOIR

Pour éviter que cela ne se reproduise, retirez la pousse d'ail au milieu.

SOUPE À L'OIGNON

CONTENU

750 g d'oignon

100 g de beurre

50g de fromage râpé

1,5 litre de bouillon de poulet

1 tranche de pain grillé par personne

sel

TRAITEMENT

Faites revenir lentement les oignons coupés en julienne dans le beurre. Fermez le couvercle et laissez cuire environ 1 heure.

Lorsque les oignons ramollissent, ajoutez le bouillon et le sel.

Versez la soupe dans des bols séparés avec les toasts et le fromage et gratinez.

DECEVOIR

La réussite de cette recette est le temps de cuisson des oignons. Vous pouvez ajouter 1 gousse d'ail, 1 branche de thym et un peu de vin blanc ou de cognac.

SOUPE ITALIENNE AVEC VIANDE ET LÉGUMES

CONTENU

150 g de tomates

100 g de haricots blancs cuits

100 g de lardons

100 g de chou

50 g de carottes

50 g de navet

50 g de haricots verts

25 g de petites pâtes

50 g de petits pois

3 gousses d'ail

1 gros poireau

1 dl d'huile d'olive

sel

TRAITEMENT

Nettoyez les légumes et coupez-les en petits morceaux. Dans une poêle bien chaude, mélangez l'huile et les lardons coupés en morceaux et laissez cuire 3 minutes. Ajouter les tomates concassées et faire revenir jusqu'à ce que l'eau s'évapore.

Versez le bouillon, portez à ébullition et ajoutez les légumes hachés. Une fois tendres, ajoutez les haricots et les pâtes. Cuire et saler les pâtes jusqu'à ce qu'elles soient cuites.

DECEVOIR

Dans de nombreuses régions d'Italie, cette délicieuse soupe est accompagnée d'une cuillerée de pesto à table.

SOUPE DE HOMARD

CONTENU

1 ½ kg de homard

250 g de tomates

200 g de poireau

150 g de beurre

100 g de carottes

100 g d'oignon

75 g de riz

1 litre et demi de bouillon de poisson

¼ litre de crème

1 dl de grappa

1 dl de vin

1 branche de thym

2 feuilles de laurier

sel et poivre

TRAITEMENT

Coupez le homard en petits morceaux et faites-le revenir avec 50 g de beurre jusqu'à ce qu'il soit doré. Mettez le cognac sur le feu et ajoutez le vin. Fermez le couvercle et laissez cuire 15 minutes.

Séparez la chair du homard. Écrasez leurs carcasses avec de l'eau-de-vie, faites cuire le vin et le fumet. Allez chez un chinois et achetez un livre.

Faites revenir les légumes coupés en petits morceaux (par ordre de dureté) avec le reste du beurre. Ajoutez enfin les tomates. Versez le bouillon réservé, ajoutez les herbes aromatiques et le riz. Cuire au four pendant 45 minutes. Écrasez-le et passez-le au tamis. Versez la crème et laissez cuire encore 5 minutes.

Servir la crème avec du homard haché.

DECEVOIR

Flambé signifie brûler une boisson alcoolisée de telle manière que le goût de l'alcool soit perdu. Il est important de le faire avec la pompe éteinte.

CASSETTE DE LÉGUMES

CONTENU

150 g de jambon serrano haché

150 g de haricots verts

150 g de chou-fleur

150 g de petits pois

150 g de fèves

2 cuillères à soupe de farine

3 artichauts

2 oeufs durs

2 carottes

1 oignon

1 gousse d'ail

1 citron

huile d'olive

sel

TRAITEMENT

Nettoyez les artichauts en enlevant leurs feuilles extérieures et leurs pointes. Cuire avec 1 cuillère à soupe d'eau bouillante, la farine et le jus de citron jusqu'à ce qu'il ramollisse. Renouveler et réserver.

Épluchez les carottes et coupez-les en morceaux moyens. Retirez les ficelles et les extrémités des haricots et coupez-les en 3 morceaux. Retirez les fleurons de chou-fleur. Faire bouillir de l'eau et cuire chaque légume séparément jusqu'à ce qu'il soit tendre. Renouveler et réserver.

Faire réduire de moitié le bouillon de légumes (sauf les artichauts).

Hachez finement l'oignon et l'ail. Faire dorer avec le jambon Serrano haché pendant 10 minutes. Ajoutez l'autre cuillère à soupe de farine et faites revenir encore 2 minutes. Ajoutez 150 ml de bouillon de légumes. Retirer et cuire 5 minutes. Ajouter les légumes et les œufs durs coupés en quartiers. Cuire 2 minutes et assaisonner de sel.

DECEVOIR

Les légumes doivent être cuits séparément car ils n'ont pas le même temps de cuisson.

BETTERAVE MAISON

CONTENU

1 ¼ kg de betteraves

750 g de pommes de terre

3 gousses d'ail

2 dl d'huile d'olive

sel

TRAITEMENT

Lavez les blettes et coupez leurs feuilles en gros morceaux. Nettoyez les tiges et coupez-les en bâtonnets. Faites bouillir les feuilles et les tiges dans de l'eau bouillante salée pendant 5 minutes. Rafraîchir, vider et réserver.

Cuire les pommes de terre pelées et le cachepea dans la même eau pendant 20 minutes. Vider et réserver.

Faire revenir l'ail épluché et coupé en filets dans l'huile. Ajouter les tiges, les feuilles, les pommes de terre et faire sauter pendant 2 minutes. Saison salée.

DECEVOIR

Vous pouvez utiliser les feuilles pour farcir le jambon et le fromage. Ils sont ensuite battus et frits.

GÂTEAU À LA CITROUILLE ET AU SAUMON

CONTENU

400 g de potiron

200 g de saumon frais (désossé)

750 ml de crème

6 oeufs

1 oignon

huile d'olive

sel et poivre

TRAITEMENT

Hachez finement l'oignon et faites-le revenir dans un peu d'huile. Coupez les courgettes en cubes et ajoutez-les à l'oignon. Cuire à feu moyen pendant environ 10 minutes.

Mélangez et ajoutez ½ litre de crème et 4 œufs jusqu'à obtenir un mélange fin.

Placez-le dans des moules préalablement beurrés et farinés et faites cuire au bain-marie à 170°C pendant environ 10 minutes.

Pendant ce temps, faites revenir légèrement le saumon haché dans un peu d'huile. Salez, poivrez et mélangez avec le reste de la crème et 2 œufs. Ajoutez le gâteau à la citrouille par-dessus. Continuez la cuisson pendant encore 20 minutes ou jusqu'à ce qu'elle soit ferme.

DECEVOIR

Servir chaud avec quelques tranches de safran frit et de la mayonnaise pré-hachée.

ARTICHAUT AUX CHAMPIGNONS ET PARMESAN

CONTENU

1 kg et demi d'artichauts

200 g de champignons

50 g de parmesan

1 verre de vin blanc

3 grosses tomates

1 oignon nouveau

1 citron

huile d'olive

sel et poivre

TRAITEMENT

Nettoyez les artichauts, retirez la tige, les feuilles extérieures coriaces et la pointe. Coupez-les en quartiers et frottez-les avec du citron pour éviter qu'ils ne brunissent. Réserve.

Faites revenir lentement la ciboulette, coupée en petits morceaux. Augmentez le feu et ajoutez les champignons nettoyés et tranchés. Cuire 3 minutes. Versez le vin et ajoutez les tomates cerises râpées et les artichauts. Couvrir et cuire 10 minutes ou jusqu'à ce que les artichauts soient tendres et que la sauce épaississe.

Assiette, assaisonner et saupoudrer de parmesan.

DECEVOIR

Une autre façon d'empêcher les artichauts de rouiller est de les faire tremper dans de l'eau froide avec beaucoup de persil frais.

AUBERGINE MARINÉE

CONTENU

2 grosses aubergines

3 cuillères à soupe de jus de citron

3 cuillères à soupe de persil frais haché

2 cuillères à soupe d'ail écrasé

1 cuillère à soupe de cumin moulu

1 cuillère à soupe de cannelle

1 cuillère à soupe de piment rouge

huile d'olive

sel

TRAITEMENT

Coupez les aubergines dans le sens de la longueur. Saupoudrer de sel et laisser reposer sur du papier absorbant pendant 30 minutes. Rincer abondamment à l'eau et réserver.

Versez un peu d'huile et de sel sur les tranches d'aubergines et enfournez à 175 ºC pendant 25 minutes.

Mélangez le reste des ingrédients dans un bol. Ajoutez les aubergines au mélange et mélangez. Couvrez-le et laissez-le au réfrigérateur pendant 2 heures.

DECEVOIR

Pour éviter que les aubergines perdent leur amertume, elles peuvent être conservées dans du lait légèrement salé pendant environ 20 minutes.

MÉLANGE DE PETITS HARICOTS SERRANO HAMLU

CONTENU

1 bouteille de fèves fraîches à l'huile

2 gousses d'ail

4 tranches de jambon serrano

1 oignon nouveau

2 oeufs

sel et poivre

TRAITEMENT

Versez l'huile des haricots dans une poêle. Ici, faites revenir l'oignon coupé en petits morceaux, l'ail en tranches et le jambon coupé en fines lanières. Augmentez le feu, ajoutez les fèves et faites revenir 3 minutes.

A part, battre et assaisonner les œufs. Versez les œufs sur les cosses et laissez-les s'enrouler légèrement sans arrêter pour les retirer.

DECEVOIR

Ajoutez un peu de crème ou de lait aux œufs brouillés pour les rendre plus sucrés.

TRINXAT

CONTENU

1 kg de chou

1 kg de pommes de terre

100 g de lardons

5 gousses d'ail

huile d'olive

sel

TRAITEMENT

Retirez les feuilles, lavez le chou et coupez-le en fines tranches. Épluchez les pommes de terre et coupez-les en quartiers. Faites cuire le tout ensemble pendant 25 minutes. Égouttez l'eau et écrasez-la bien chaude avec une fourchette jusqu'à ce qu'elle devienne une purée.

Faites revenir l'ail tranché et le bacon coupé en lanières dans une poêle. Ajouter au mélange de pommes de terre précédent et faire revenir 3 minutes de chaque côté comme s'il s'agissait d'une omelette de pommes de terre.

DECEVOIR

Une fois le chou cuit, il faut bien l'égoutter, sinon le trinxat ne brunira pas bien.

GRATIN DE BROCOLI AU BACON ET SAUCE AURORA

CONTENU

150 g de bacon en lanières

1 gros brocoli

Sauce Aurora (Voir section Bouillons et Sauces)

huile d'olive

sel et poivre

TRAITEMENT

Faites bien revenir les lanières de bacon dans une poêle et réservez.

Divisez le brocoli en bottes et faites-le cuire dans beaucoup d'eau salée pendant 10 minutes ou jusqu'à ce qu'il soit tendre. Égoutter et déposer sur une plaque à pâtisserie.

Placez le bacon sur le brocoli, puis la sauce aurore et faites griller à feu vif jusqu'à ce qu'il soit doré.

DECEVOIR

Ajoutez un peu de vinaigre à l'eau de cuisson pour minimiser l'odeur du brocoli.

PLANCHES AUX CREVETTES ET CLASTER À LA SAUCE VERTE

CONTENU

500g de carton cuit

2 dl de vin blanc

2 dl de bouillon de poisson

2 cuillères à soupe de persil frais haché

1 cuillère à soupe de farine

20 huîtres

4 gousses d'ail

1 oignon

huile d'olive

sel

TRAITEMENT

Coupez l'oignon et l'ail en petits morceaux. Faire frire lentement avec 2 cuillères à soupe d'huile pendant environ 15 minutes.

Ajouter la farine et faire revenir 2 minutes en remuant constamment. Augmentez le feu, versez le vin et laissez-le s'évaporer complètement.

Versez le bouillon et laissez cuire 10 minutes à feu doux en remuant constamment. Ajouter le persil et assaisonner de sel.

Ajoutez les palourdes et les cartons pré-nettoyés. Couvrir et cuire 1 minute jusqu'à ce que les palourdes s'ouvrent.

DECEVOIR

Ne faites pas trop cuire le persil pour qu'il ne perde pas sa couleur et ne brunisse pas.

OIGNON CARAMÉLISÉ

CONTENU

2 gros oignons

2 cuillères à soupe de sucre

1 cuillère à café de vinaigre de Modène ou de Jerez

TRAITEMENT

Faites revenir doucement les oignons coupés en julienne jusqu'à ce qu'ils deviennent translucides.

Ouvrez le couvercle et faites cuire jusqu'à ce qu'ils soient dorés. Ajouter le sucre et cuire encore 15 minutes. Versez le vinaigre et laissez cuire encore 5 minutes.

DECEVOIR

Pour réaliser une omelette avec cette quantité d'oignons caramélisés, utilisez 800g de pommes de terre et 6 œufs.

CHAMPIGNONS TOURNÉS AU SERRANO CRUS ET PESTO

CONTENU

500 g de champignons frais

150 g de jambon serrano

1 oignon nouveau finement haché

Pesto (Voir la section Bouillons et Sauces)

TRAITEMENT

Hachez finement l'oignon nouveau et le jambon. Faites frire doucement pendant 10 minutes. Laissez-les refroidir.

Nettoyer et retirer les pieds des champignons. Faites-les frire dans une poêle inversée pendant 5 minutes.

Farcir les champignons de jambon et de ciboulette, napper d'un peu de pesto et enfourner à 200°C pendant environ 5 minutes.

DECEVOIR

Il n'est pas nécessaire d'ajouter du sel car le jambon et le pesto sont légèrement salés.

Chou-fleur à l'ail

CONTENU

1 gros chou-fleur

1 cuillère à soupe de poivron rouge

1 cuillère à soupe de vinaigre

2 gousses d'ail

8 cuillères à soupe d'huile d'olive

sel

TRAITEMENT

Divisez le chou-fleur en bottes et faites-le cuire dans beaucoup d'eau salée pendant 10 minutes ou jusqu'à ce qu'il soit cuit.

Filetez l'ail et faites-le frire dans l'huile. Retirez la casserole du feu et ajoutez le poivron rouge. Faire revenir 5 secondes et ajouter le vinaigre. Assaisonner de sel et assaisonner de sauce.

DECEVOIR

Ajoutez 1 verre de lait à l'eau pour que le chou-fleur sente moins pendant la cuisson.

CARNAGARDEN REJETÉ

CONTENU

100 g de parmesan râpé

1 gros chou-fleur

2 jaunes d'œufs

Béchamel (Voir la section Bouillons et sauces)

TRAITEMENT

Divisez le chou-fleur en bottes et faites-le cuire dans beaucoup d'eau salée pendant 10 minutes ou jusqu'à ce qu'il soit cuit.

En continuant de battre le jaune d'œuf et le fromage, ajoutez la béchamel (après avoir retiré du feu).

Disposez le chou-fleur sur une plaque à pâtisserie et assaisonnez de béchamel. Gratiner à température maximale jusqu'à ce que la surface devienne dorée.

DECEVOIR

Lorsque du fromage râpé et du jaune d'œuf sont ajoutés à la sauce béchamel, on obtient une nouvelle sauce appelée Mornay.

DUKSEL

CONTENU

500 g de champignons

100 g de beurre

100 g de ciboulette (ou oignons)

sel et poivre

TRAITEMENT

Nettoyez les champignons et coupez-les en morceaux le plus petits possible.

Faites revenir la ciboulette coupée en tout petits morceaux dans du beurre et ajoutez les champignons. Faire revenir jusqu'à disparition complète du liquide. Saison.

DECEVOIR

Cela peut être un accompagnement parfait, une garniture ou même un premier plat. Duxelle de champignons avec œuf à la coque, poitrine de poulet farcie à la duxelle, etc.

DINDE AU SAUMON FUMÉ ET DINDE

CONTENU

200 g de crème

150 g de saumon fumé

100 g de fromage cabrales

50 g de noix décortiquées

6 coeurs d'endives

sel et poivre

TRAITEMENT

Retirez les feuilles de scarole, lavez-les soigneusement à l'eau froide et laissez-les tremper dans de l'eau glacée pendant 15 minutes.

Mélangez le fromage, le saumon coupé en lanières, les noix, la crème, le sel et le poivre dans un bol et remplissez les endives de cette sauce.

DECEVOIR

Laver les endives à l'eau froide et les tremper dans de l'eau glacée permet d'éliminer le goût amer.

LOMBARD SÉGOVIEN

CONTENU

40 g de pignons de pin

40 g de raisins secs

1 cuillère à soupe de poivron rouge

3 gousses d'ail

1 chou rouge

1 pomme pinoy

huile d'olive

sel

TRAITEMENT

Retirez la tige médiane et les feuilles extérieures du chou rouge et coupez-le en julienne. Épépinez la pomme sans lui enlever la peau et coupez-la en quartiers. Cuire le chou rouge, les raisins secs et les pommes pendant 90 minutes. Vider et réserver.

Tranchez l'ail et faites-le revenir dans une poêle. Ajouter les pignons de pin et faire revenir. Ajoutez le poivron rouge et mélangez le chou rouge avec les raisins secs et la pomme. Faire sauter pendant 5 minutes.

DECEVOIR

Pour éviter que le chou rouge ne perde sa couleur, commencez à le cuire avec de l'eau bouillante et ajoutez un peu de vinaigre.

SALADE DE POIVRONS RÔTIS

CONTENU

3 tomates

2 aubergines

2 oignons

1 poivron rouge

1 tête d'ail

vinaigre (facultatif)

Huile d'olive vierge extra

sel

TRAITEMENT

Préchauffer le four à 170°C.

Lavez les aubergines, les poivrons et les tomates et épluchez les oignons. Disposez tous les légumes sur une plaque allant au four et arrosez généreusement d'huile. Rôtir pendant 1 heure, en retournant de temps en temps pour dorer uniformément. Allez apprendre comment c'est fait.

Laissez refroidir le poivron, retirez la peau et les graines. Retirez les graines des poivrons, des oignons et des aubergines et coupez-les en forme de julienne. Retirez les gousses d'ail de la tête rôtie en appuyant doucement.

Mélangez tous les légumes dans un bol, assaisonnez avec une pincée de sel et d'huile de friture. Vous pouvez également ajouter quelques gouttes de vinaigre.

DECEVOIR

Il convient de faire des coupes sur la peau des aubergines et des tomates afin qu'elles n'éclatent pas lors de la torréfaction et puissent donc être pelées plus facilement.

POIS FRANCAIS

CONTENU

850 g de petits pois nettoyés

250 g d'oignon

90 g de jambon serrano

90 g de beurre

1 litre de bouillon

1 cuillère à soupe de farine

1 laitue propre

sel

TRAITEMENT

Faire revenir les oignons hachés et le jambon haché dans le beurre. Ajouter la farine et faire revenir 3 minutes.

Versez le bouillon et laissez cuire encore 15 minutes en remuant de temps en temps. Ajoutez les petits pois et faites cuire à feu moyen pendant 10 minutes.

Ajouter la laitue finement julienne et cuire encore 5 minutes. Ajouter une pincée de sel.

DECEVOIR

Faites cuire les petits pois à découvert pour éviter que leur couleur ne noircisse. Si vous ajoutez une pincée de sucre pendant la cuisson, la saveur des petits pois augmentera encore plus.

CRÈME D'ÉPINARDS

CONTENU

¾ kg d'épinards frais

45 g de beurre

45 g de farine

½ litre de lait

3 gousses d'ail

noix de muscade

huile d'olive

sel et poivre

TRAITEMENT

Préparez la sauce béchamel avec le beurre fondu et la farine. Faites frire lentement pendant 5 minutes et ajoutez le lait en remuant constamment. Cuire 15 minutes et assaisonner de sel, poivre et muscade.

Faire bouillir les épinards dans beaucoup d'eau salée. Bien égoutter, rafraîchir et essorer pour sécher complètement.

Hachez l'ail et faites-le revenir dans l'huile pendant 1 minute. Ajouter les épinards et faire revenir 5 minutes à feu moyen.

Mélangez les épinards avec la béchamel et laissez cuire encore 5 minutes en remuant constamment.

DECEVOIR

Il est accompagné de tranches de pain triangulaires grillées.

PETITS HARICOTS À LA SAUCISSE BLANCHE

CONTENU

1 bouteille de fèves fraîches à l'huile

2 gousses d'ail

1 saucisse blanche

1 oignon nouveau

huile d'olive

sel

TRAITEMENT

Versez l'huile des haricots dans une poêle. Faites revenir l'oignon nouveau et l'ail hachés dans cette huile et ajoutez les saucisses hachées.

Cuire 3 minutes jusqu'à ce qu'ils soient légèrement dorés. Augmentez le feu, ajoutez les fèves et faites revenir encore 3 minutes. Ajouter une pincée de sel.

DECEVOIR

Il peut également être préparé avec des fèves miniatures. Pour ce faire, faites cuire dans l'eau froide pendant 15 minutes ou jusqu'à tendreté. Refroidissez-le avec de l'eau et de la glace et retirez-le. Préparez ensuite la recette de la même manière.

Haricots verts au jambon

CONTENU

600 g de haricots verts

150 g de jambon serrano

1 cuillère à café de poivron rouge

5 tomates

3 gousses d'ail

1 oignon

huile d'olive

sel

TRAITEMENT

Retirez les bords et les extrémités des haricots et coupez-les en gros morceaux. Cuire dans l'eau bouillante pendant 12 minutes. Vider, renouveler et réserver.

Coupez l'oignon et l'ail en petits morceaux. Cuire lentement pendant 10 minutes et ajouter le jambon Serrano. Faire sauter encore 5 minutes. Ajouter le poivre et les tomates râpées et faire revenir jusqu'à ce que l'eau s'évapore.

Ajoutez les haricots verts à la sauce et laissez cuire encore 3 minutes. Ajouter une pincée de sel.

DECEVOIR

Le jambon Serrano peut être remplacé par du chorizo.

Aliments pour agneaux

CONTENU

450 g de viande d'agneau

200 g de haricots verts

150 g de fèves pelées

150 g de petits pois

2 litres de bouillon

2 dl de vin rouge

4 coeurs d'artichauts

3 gousses d'ail

2 grosses tomates

2 grosses pommes de terre

1 poivron vert

1 poivron rouge

1 oignon

huile d'olive

sel et poivre

TRAITEMENT

Hachez l'agneau, assaisonnez-le et faites-le frire à feu vif. Achetez et réservez.

Faites revenir l'ail et l'oignon hachés dans la même huile à feu doux pendant 10 minutes. Ajouter les tomates râpées et cuire jusqu'à ce que l'eau s'évapore complètement. Ajoutez le vin et laissez-le s'évaporer. Versez le bouillon, ajoutez l'agneau et laissez cuire 50 minutes ou jusqu'à ce que la viande soit tendre. Saison.

A part, dans une autre casserole, faites revenir les poivrons coupés en dés, les petits pois, les artichauts coupés en quartiers, les haricots et les fèves débarrassés de leurs tiges et coupés en 8 morceaux. Versez l'eau de cuisson de l'agneau et faites bouillir doucement pendant 5 minutes. Ajouter les pommes de terre pelées et hachées. Cuire jusqu'à ce qu'il soit tendre. Ajoutez la viande d'agneau et un peu d'eau de cuisson.

DECEVOIR

Faites cuire les petits pois à découvert pour que leur couleur ne devienne pas grise.

Millefeuille d'aubergines au FROMAGE DE CHÈVRE, MIEL ET CURRY

CONTENU

200 g de fromage de chèvre

1 aubergine

Chéri

curry

Notoriété

huile d'olive

sel

TRAITEMENT

Coupez l'aubergine en fines tranches, disposez-la sur du papier absorbant et salez des deux côtés. Laissez reposer 20 minutes. Retirez l'excès de sel, de farine et faites frire.

Coupez le fromage en fines tranches. Mélanger les couches d'aubergines et de fromage. Cuire au four à 160°C pendant 5 minutes.

Placer sur une assiette et garnir chaque tranche d'aubergine d'1 cuillère à café de miel et d'une pincée de curry.

DECEVOIR

Coupez les aubergines et laissez-les dans le sel pour enlever toute l'amertume.

GÂTEAU AUX ASPERGES BLANCHES ET SAUMON FUMÉ

CONTENU

400 g d'asperges en conserve

200 g de saumon fumé

½ litre de crème

4 œufs

Notoriété

huile d'olive

sel et poivre

TRAITEMENT

Mélangez tous les ingrédients jusqu'à obtenir un mélange fin. Filtrer pour éviter les fils d'asperges.

Verser dans des moules préalablement beurrés et farinés. Cuire au four à 170°C pendant 20 minutes. Il peut être pris chaud ou froid.

DECEVOIR

Un accompagnement parfait est la mayonnaise à base de feuilles de basilic frais hachées.

PIQUILLO PIQUILLO AVEC MORCILLA À LA SAUCE MOUTARDE DOUCE

CONTENU

125 ml de crème

8 cuillères à soupe de moutarde

2 cuillères à soupe de sucre

12 piments piquillos

2 boudins noirs

engrenages

Farine et œufs (pour le pain)

huile d'olive

TRAITEMENT

Émiettez le boudin noir et faites-le revenir dans une poêle bien chaude avec une poignée de pignons de pin. Attendez qu'ils refroidissent et farcissez les poivrons. Trempez-le dans la farine et l'œuf et faites-le frire dans beaucoup d'huile.

Faire bouillir la crème avec la moutarde et le sucre jusqu'à épaississement. Servir les poivrons avec une sauce épicée.

DECEVOIR

Il faut faire revenir les poivrons petit à petit dans de l'huile très chaude.

TARTELETTES À LA SAUCE AUX AMANDES

CONTENU

Carton cuit 900g

75 g d'amandes hachées

50 g de farine

50g de beurre

1 litre de bouillon de poulet

1 dl de vin blanc

1 dl de crème

1 cuillère à soupe de persil frais haché

2 gousses d'ail

2 jaunes d'œufs

1 oignon

huile d'olive

sel et poivre

TRAITEMENT

Faites revenir délicatement les amandes et la farine dans le beurre pendant 3 minutes. Sans cesser de fouetter, versez le bouillon de volaille et laissez cuire encore 20 minutes. Ajoutez la crème et lorsque vous la retirez du feu, ajoutez les jaunes d'oeufs sans arrêter de fouetter. Saison.

Faire revenir séparément l'oignon et l'ail hachés dans l'huile. Ajoutez les cartons, augmentez le feu et ajoutez le vin. Laissez-le réduire complètement.

Ajouter le bouillon dans le carton et servir avec du persil.

DECEVOIR

Ne faites pas trop chauffer la sauce après avoir ajouté les jaunes d'œufs afin qu'ils ne caillent pas et que la sauce reste grumeleuse.

PISTON

CONTENU

4 tomates mûres

2 poivrons verts

2 courgettes

2 oignons

1 poivron rouge

2-3 gousses d'ail

1 cuillère à café de sucre

huile d'olive

sel

TRAITEMENT

Faire bouillir les tomates, retirer la peau et les couper en cubes. Épluchez et hachez également les oignons et les courgettes. Nettoyez les graines des poivrons et coupez la pulpe en cubes.

Faites revenir l'ail et les oignons avec un peu d'huile pendant 2 minutes. Ajoutez les poivrons et poursuivez la friture pendant encore 5 minutes. Ajoutez les courgettes et laissez cuire encore une minute ou deux. Enfin, ajoutez les tomates et faites cuire jusqu'à ce que l'eau s'évapore. Ajoutez le sucre et le sel et laissez bouillir.

DECEVOIR

Des tomates concassées en conserve ou une bonne sauce tomate peuvent être utilisées.

POIREAU AUX LÉGUMES DE SAISON

CONTENU

8 poireaux

2 gousses d'ail

1 poivron vert

1 poivron rouge

1 oignon nouveau

1 concombre

12 cuillères à soupe d'huile

4 cuillères à soupe de vinaigre

sel et poivre

TRAITEMENT

Hachez finement les poivrons, l'oignon nouveau, l'ail et le concombre. Mélanger avec l'huile, le vinaigre, le sel et le poivre. Séparer.

Nettoyez les poireaux et faites-les bouillir dans l'eau bouillante pendant 15 minutes. Retirez, séchez et coupez chacun en 3 parties. Assiettez et assaisonnez avec la vinaigrette.

DECEVOIR

Préparez une sauce composée de tomates, oignons nouveaux, câpres et olives noires. Gratiner les poireaux avec la mozzarella et la sauce. Super.

POIREAUX, BACON ET FROMAGE RAPIDE

CONTENU

200 g de fromage manchego

1 litre de crème

8 œufs

6 gros poireaux propres

1 paquet de bacon fumé

1 paquet de pâte feuilletée surgelée

Notoriété

huile d'olive

sel et poivre

TRAITEMENT

Beurrer et fariner un moule et le tapisser de pâte feuilletée. Disposez dessus du papier aluminium et les légumes pour éviter qu'ils ne gonflent et enfournez à 185°C pendant 15 minutes.

Pendant ce temps, faites revenir lentement le poireau finement haché. Ajoutez également du bacon finement haché.

Mélangez les œufs brouillés avec la crème, les poireaux, les lardons et le fromage râpé. Saupoudrez de sel et de poivre et déposez ce mélange sur la pâte feuilletée et enfournez à 165°C pendant 45 minutes ou jusqu'à ce que la pâte soit prise.

DECEVOIR

Pour vérifier si la personne est en érection, insérez une aiguille au milieu. S'il ressort sec, le gâteau est cuit.

TOMATES PROVENÇALES

CONTENU

100 g de chapelure

4 tomates

2 gousses d'ail

Persil

huile d'olive

sel et poivre

TRAITEMENT

Épluchez l'ail, hachez-le finement et mélangez-le à la chapelure. Coupez les tomates cerises en deux et retirez les pépins.

Faites chauffer l'huile dans une poêle et ajoutez les tomates concassées. Lorsque la peau commence à se décoller des bords, retournez-la. Cuire encore 3 minutes et déposer sur la plaque à pâtisserie.

Faites revenir le mélange de pain et d'ail dans la même poêle. Une fois frit, des tomates sont saupoudrées dessus. Préchauffer le four à 180°C et rôtir 10 minutes en prenant soin de ne pas dessécher.

DECEVOIR

Il est souvent consommé en accompagnement, mais aussi en deuxième plat accompagné de mozzarella légèrement cuite.

OIGNON FARCI

CONTENU

125 g de viande hachée

125 g de lardons

2 cuillères à soupe de sauce tomate

2 cuillères à soupe de chapelure

4 gros oignons

1 oeuf

huile d'olive

sel et poivre

TRAITEMENT

Faites frire le bacon haché et la viande hachée avec du sel et du poivre jusqu'à ce qu'ils perdent leur couleur rose. Ajoutez la tomate et laissez cuire encore 1 minute.

Mélangez la viande avec l'œuf et la chapelure.

Retirez la première couche et la base des oignons. Cuire 15 minutes avec suffisamment d'eau pour le couvrir. Séchez-le, retirez le milieu et remplissez-le de viande. Cuire au four à 175°C pendant 15 minutes.

DECEVOIR

La sauce Mornay peut être réalisée en remplaçant la moitié du lait par de l'eau de cuisson de l'oignon. Garnir de sauce et de gratin.

CRÈME DE CHAMPIGNONS À LA NOIX

CONTENU

1 kg de champignons mélangés

250 ml de crème

Grappa 125 ml

2 gousses d'ail

Noisette

huile d'olive

sel et poivre

TRAITEMENT

Faites rôtir l'ail émincé dans une casserole. Augmentez le feu et ajoutez les champignons nettoyés et tranchés. Faire frire pendant 3 minutes.

Imbiber de cognac et laisser fondre. Versez la crème et laissez cuire doucement encore 5 minutes. Concassez une poignée de noix dans un mortier et versez dessus.

DECEVOIR

Les champignons cultivés ou même les champignons séchés sont une bonne option.

Gâteau TOMATE ET BASILIC

CONTENU

½ litre de crème

8 cuillères à soupe de purée de tomates (voir section Bouillons et sauces)

4 œufs

8 feuilles de basilic frais

Notoriété

huile d'olive

sel et poivre

TRAITEMENT

Mélangez tous les ingrédients jusqu'à obtenir une pâte lisse.

Préchauffer le four à 170°C. Répartissez dans des moules préalablement farinés et beurrés et enfournez pour 20 minutes.

DECEVOIR

Une excellente option pour utiliser les restes de sauce tomate d'une autre recette.

CASSERO DE POMMES DE TERRE AU POULET ACTUEL

CONTENU

1 kg de pommes de terre

½ litre de bouillon de poulet

2 poitrines de poulet

1 cuillère à soupe de curry

2 gousses d'ail

2 tomates

1 oignon

1 feuille de laurier

huile d'olive

sel et poivre

TRAITEMENT

Coupez la poitrine en cubes moyens. Assaisonner de sel et de poivre et faire revenir dans l'huile chaude. Sortez-le et réservez.

Faites revenir l'oignon et l'ail coupés en dés dans la même huile à feu doux pendant environ 10 minutes. Ajoutez le curry et faites revenir encore une minute. Ajouter les tomates râpées, augmenter le feu et cuire jusqu'à ce que le jus de tomate s'évapore.

Épluchez les pommes de terre et cachez-les. Jetez-les dans la sauce et laissez cuire 3 minutes. Imbiber de bouillon et de feuille de laurier. Cuire à feu doux jusqu'à ce que les pommes de terre soient cuites, saler et poivrer.

DECEVOIR

Sortez un peu de bouillon et quelques pommes de terre et écrasez-les à la fourchette jusqu'à obtenir une purée. Remettez-le dans la casserole et faites bouillir pendant 1 minute en remuant constamment. Cela épaissira le bouillon sans avoir besoin de farine.

OEUFS MOUS

CONTENU

8 œufs

Pain toasté

sel et poivre

TRAITEMENT

Placez les œufs dans une casserole recouverte d'eau froide et de sel. Faire bouillir jusqu'à ce que l'eau bout légèrement. Laissez-le sur le feu pendant 3 minutes.

Retirez l'œuf et laissez-le refroidir dans de l'eau glacée. Cassez soigneusement la coque supérieure comme un chapeau. Assaisonner de sel et de poivre et servir avec des gressins grillés.

DECEVOIR

Il est important que l'œuf bouge avec le jaune au milieu pendant la première minute.

INGRÉDIENT POMME DE TERRE

CONTENU

1 kg de pommes de terre

¾ litre de bouillon de poisson

1 petit verre de vin blanc

1 cuillère à soupe de farine

2 gousses d'ail

1 oignon

Farine et œufs (pour enrober)

Persil

huile d'olive

TRAITEMENT

Épluchez les pommes de terre et coupez-les en tranches pas trop épaisses. Saupoudrer de farine et tremper dans l'œuf. Faire frire et réserver.

Faire revenir séparément l'oignon et l'ail hachés. Ajoutez une cuillerée de farine, faites frire et versez le vin. Réduire presque à sec et ajouter de l'eau. Cuire à feu doux pendant 15 minutes. Salez et ajoutez le persil.

Ajouter les pommes de terre à la sauce et cuire jusqu'à ce qu'elles soient tendres.

DECEVOIR

Vous pouvez ajouter quelques morceaux de lotte ou de merlu et des crevettes.

Œuf de taupe aux cèpes

CONTENU

8 œufs

150 g de cèpes séchés

50g de beurre

50 g de farine

1 dl de vin de dessert

2 gousses d'ail

noix de muscade

Vinaigre

Huile

sel et poivre

TRAITEMENT

Faire tremper les cèpes dans 1 litre d'eau chaude pendant environ 1 heure. Pendant ce temps, faites cuire les œufs dans l'eau bouillante avec du sel et du vinaigre pendant 5 minutes. Retirer immédiatement et rafraîchir dans de l'eau glacée. Peler soigneusement.

Égouttez les cèpes et réservez le jus. Coupez l'ail en tranches et faites-le revenir légèrement dans l'huile. Ajouter les cèpes et cuire à feu vif pendant 2 minutes. Assaisonner au goût avec du sel et du poivre et verser le vin de dessert jusqu'à ce qu'il réduise et que la sauce reste sèche.

Faire fondre le beurre avec la farine dans une casserole. Faire rôtir 5 minutes à feu doux en remuant constamment. Videz le jus libéré par l'hydratation des cèpes. Cuire à feu doux pendant 15 minutes en remuant constamment. Assaisonnez et ajoutez la noix de coco.

Disposez les cèpes sur le fond, puis les œufs, décorez de sauce et servez.

DECEVOIR

L'œuf fondu doit être laissé avec des blancs d'œufs caillés et des jaunes qui coulent.

POMME DE TERRE ET MANCHE BLANCHE

CONTENU

1 kg de pommes de terre

600 g de merlan désossé et sans peau

4 cuillères à soupe de sauce tomate

1 gros oignon

2 gousses d'ail

1 feuille de laurier

Brandy

huile d'olive

sel et poivre

TRAITEMENT

Épluchez les pommes de terre, coupez-les en quartiers et faites-les cuire dans l'eau salée pendant 30 minutes. Égouttez-les et passez-les au moulin à légumes. Étalez la purée sur une pellicule plastique et réservez.

Hachez finement l'oignon et l'ail. Faire revenir 5 minutes à feu moyen et ajouter le laurier blanc haché et assaisonné. Sans cesser de remuer, faites revenir encore 5 minutes, ajoutez un peu de cognac et laissez réduire. Ajouter la sauce tomate et cuire encore une minute. Laissez-le refroidir.

Étalez l'aiglefin sur la base de pommes de terre, enveloppez-le dans un rouleau suisse et réfrigérez jusqu'au moment de servir.

DECEVOIR

Il peut être préparé avec tout type de poisson, frais ou surgelé. Avec sauce rose ou aïoli.

OMELETTE CUITE (ROPA VIEJA)

CONTENU

125 g de boudin noir

100g de poulet ou poulet

60 g de chou

60 g de lardons

1 cuillère à café de poivron rouge

3 gousses d'ail

1 boudin noir

1 saucisse

1 oignon

2 cuillères à soupe d'huile d'olive

sel

TRAITEMENT

Hachez l'oignon et l'ail en petits morceaux. Faire rôtir 10 minutes à feu doux. Hachez finement la viande bouillie et le chou et ajoutez-les à l'oignon. Cuire à feu moyen jusqu'à ce que la viande soit dorée et dorée.

Battez les œufs et ajoutez-les à la viande. Saison salée.

Faites bien chauffer la poêle, ajoutez l'huile et coupez la tortilla des deux côtés.

DECEVOIR

Accompagné d'une bonne sauce tomate au cumin.

Pommes de terre farcies au saumon fumé, bacon et aubergines

CONTENU

4 pommes de terre de taille moyenne

250 g de lardons

150 g de parmesan

200 g de saumon fumé

½ litre de crème

1 aubergine

huile d'olive

sel et poivre

TRAITEMENT

Lavez soigneusement les pommes de terre et faites-les cuire, avec la peau, à feu moyen pendant 25 minutes ou jusqu'à ce qu'elles soient tendres. Égoutter, couper en deux et égoutter en laissant un léger film. Séparez les pommes de terre entières et égouttez-les.

Faites revenir le bacon coupé en fines lanières dans une poêle bien chaude. Achetez et réservez. Faites revenir les aubergines coupées en cubes dans la même huile pendant 15 minutes jusqu'à ce qu'elles ramollissent.

Mettez les pommes de terre, les aubergines bouillies, les lardons, le saumon coupé en lanières, le parmesan et la crème dans une casserole. Cuire à feu moyen pendant 5 minutes et assaisonner.

Remplissez les pommes de terre avec le mélange précédent et gratinez-les à 180°C jusqu'à ce qu'elles soient dorées.

DECEVOIR

Vous pouvez également réaliser des aubergines avec la même farce.

CROCKET DE POMMES DE TERRE ET FROMAGE

CONTENU

500 g de pommes de terre

150 g de parmesan râpé

50g de beurre

Farine, œufs et chapelure (pour le pain)

2 jaunes d'œufs

noix de muscade

sel et poivre

TRAITEMENT

Épluchez les pommes de terre, coupez-les en quartiers et faites-les cuire à feu moyen avec de l'eau et du sel pendant 30 minutes. Égoutter et passer au hachoir à légumes. Ajouter le beurre chaud, le jaune d'oeuf, le sel, le poivre, la muscade et le parmesan. Laissez-le refroidir.

Faites des boules comme des croquettes et trempez-les dans la farine, l'œuf battu et la chapelure. Faire frire dans beaucoup d'huile jusqu'à ce qu'ils soient dorés.

DECEVOIR

Déposer 1 cuillère à café de sauce tomate et un morceau de saucisson fraîchement cuit au centre de la croquette avant de l'enrober. Ils sont délicieux.

BONNES FRITES

CONTENU

1 kg de pommes de terre tardives ou mi-tardives (variété aspra ou monalisa)

1 litre d'huile d'olive

sel

TRAITEMENT

Épluchez les pommes de terre et coupez-les en bâtonnets réguliers. Laver abondamment à l'eau froide jusqu'à ce qu'il devienne complètement transparent. Séchez soigneusement.

Faites chauffer l'huile dans une poêle à feu moyen, environ 150°C. Lorsqu'elle commence à bouillir doucement mais continuellement, ajoutez les pommes de terre et faites cuire jusqu'à ce qu'elles ramollissent, en prenant soin de ne pas les casser.

Avec l'huile chaude, augmentez le feu au maximum et ajoutez progressivement les pommes de terre et remuez avec une écumoire. Faire frire jusqu'à ce qu'ils soient dorés et croustillants. Enlever l'excédent de graisse, égoutter et assaisonner de sel.

DECEVOIR

Les deux températures d'huile sont importantes. Cela les rend super moelleux à l'intérieur et croustillants à l'extérieur. Ajoutez enfin du sel.

OEUFS À LA FLORENTINE

CONTENU

8 œufs

800 g d'épinards

150 g de jambon cru

1 gousse d'ail

Béchamel (Voir la section Bouillons et sauces)

sel

TRAITEMENT

Faire bouillir les épinards dans de l'eau bouillante salée pendant environ 5 minutes. Rafraîchissez et pressez jusqu'à ce que toute l'eau soit perdue. Hacher finement et réserver.

Hachez l'ail et faites-le revenir à feu moyen pendant 1 minute. Ajoutez les dés de jambon et laissez cuire encore 1 minute. Augmentez le feu, ajoutez les épinards et laissez cuire encore 5 minutes. Répartissez ensuite les épinards dans 4 pots en terre cuite.

Versez 2 œufs cassés sur les épinards. Assaisonner de sauce béchamel et enfourner à 170 °C pendant 8 minutes.

DECEVOIR

Les préparations à base d'épinards sont appelées florentines.

CASSEROLE DE POMMES DE TERRE AVEC GRENOUILLE PÊCHE ET CREVETTES

CONTENU

4 pommes de terre

300 g de lotte nettoyée et désossée

250 g de crevettes décortiquées

½ litre de bouillon de poisson

1 verre de vin blanc

1 cuillère à soupe de pulpe de piment choricero

1 cuillère à café de poivron rouge

8 fils de safran

3 tranches de pain grillé

2 gousses d'ail

1 oignon

huile d'olive

sel et poivre

TRAITEMENT

Faites revenir l'oignon et l'ail finement hachés à feu doux pendant environ 10 minutes. Ajouter les tranches de pain et faire revenir. Ajouter le safran, le paprika et le piment chorizo. Faire frire pendant 2 minutes.

Égouttez les pommes de terre et ajoutez-les à la sauce. Faire frire pendant 3 minutes. Versez le vin et laissez-le s'évaporer complètement.

Ajouter le bouillon et cuire à feu doux jusqu'à ce que les pommes de terre soient presque cuites. Ajoutez la lotte coupée en morceaux et les crevettes décortiquées. Assaisonner et cuire encore 2 minutes. Retirer du feu et laisser reposer 5 minutes.

DECEVOIR

Mettre les pommes de terre en cache signifie les couper en morceaux égaux sans les couper complètement. Cela rendra le bouillon plus épais.

ŒUF À LA FLAMENCO

CONTENU

8 œufs

200 g de sauce tomate

1 petite boîte de piments piquillos

4 cuillères à soupe de petits pois cuits

4 tranches de jambon serrano

4 tranches épaisses de chorizo

4 boîtes d'asperges

TRAITEMENT

Répartissez la sauce tomate dans 4 pots en terre cuite. Disposez 2 œufs cassés sur chacun et répartissez les petits pois, le chorizo et le jambon coupés en petits morceaux, les poivrons et les asperges coupées en lanières dans différents tas.

Cuire au four à 190°C jusqu'à ce que les œufs soient légèrement cuits.

DECEVOIR

Il peut être réalisé avec du saucisson ou même du saucisson frais.

Tortilla PAISANA

CONTENU

6 oeufs

3 grosses pommes de terre

25 g de petits pois cuits

25 g de saucisse

25 g de jambon serrano

1 poivron vert

1 poivron rouge

1 oignon

huile d'olive

sel et poivre

TRAITEMENT

Coupez l'oignon et le poivron en petits morceaux. Coupez les pommes de terre pelées en tranches très fines. Faire revenir les pommes de terre avec l'oignon et le poivron à feu moyen.

Faites revenir le chorizo et le jambon haché. Égoutter les pommes de terre avec l'oignon et le poivron. Mélanger avec le chorizo et le jambon. Ajoutez les petits pois.

Battez les œufs, assaisonnez de sel et de poivre et ajoutez-les aux pommes de terre et aux autres ingrédients. Faites bien chauffer une poêle de taille moyenne, ajoutez le mélange précédent et le caillé des deux côtés.

DECEVOIR

Il doit s'enrouler un peu car la chaleur résiduelle l'achèvera. De cette façon, ce sera plus juteux.

Oeufs au four avec saucisses et moutarde

CONTENU

8 œufs

2 saucisses allemandes fumées

5 cuillères à soupe de moutarde

4 cuillères à soupe de crème

2 concombres

sel et poivre

TRAITEMENT

Mélangez les cornichons finement hachés avec la moutarde et la crème.

Tranchez finement les saucisses au fond de 4 pots en terre cuite. Versez dessus la sauce moutarde et cassez 2 œufs dans chacun. Saison.

Cuire au four à 180°C jusqu'à ce que les blancs d'œufs se solidifient.

DECEVOIR

Ajoutez 2 cuillères à soupe de parmesan râpé et quelques brins de thym frais au mélange moutarde et crème.

OMELETTE DE POMMES DE TERRE AVEC SAUCE

CONTENU

7 gros œufs

800 g de pommes de terre à frire

1 dl de vin blanc

¼ litre de bouillon de poulet

1 cuillère à soupe de persil frais

1 cuillère à café de poivron rouge

1 cuillère à café de farine

3 gousses d'ail

Huile d'olive vierge extra

sel

TRAITEMENT

Hachez finement l'ail et faites-le revenir à feu moyen pendant 3 minutes, sans trop le colorer. Ajouter la farine et faire revenir 2 minutes. Ajouter le poivron rouge et faire sauter pendant 5 secondes. Ajoutez le vin et laissez-le s'évaporer complètement. Ajouter le bouillon et cuire à feu doux pendant 10 minutes en remuant de temps en temps. Assaisonner au goût avec du sel et saupoudrer de persil.

Peler les patates. Coupez-les en quatre dans le sens de la longueur et coupez-les en fines tranches. Faire frire jusqu'à ce qu'ils soient tendres et légèrement dorés.

Battez les œufs et assaisonnez de sel. Bien égoutter les pommes de terre et les ajouter aux œufs battus. Saison salée.

Faites chauffer une poêle antiadhésive, ajoutez 3 cuillères à soupe d'huile de friture et ajoutez le mélange d'œufs et de pommes de terre. Remuer 15 à feu vif. Retournez-le avec une assiette. Faites chauffer la poêle et ajoutez 2 cuillères à soupe supplémentaires d'huile provenant de la friture des pommes de terre. Ajoutez la tortilla et faites frire à feu vif pendant environ 15 secondes. Salez et laissez cuire 5 minutes à feu doux.

DECEVOIR

Vous pouvez utiliser des restes de bouillons de ragoût ou de riz pour ce type de recette.

EN PURRUSION

CONTENU

1 kg de pommes de terre

200 g de morue dessalée

100 ml de vin blanc

3 poireaux de taille moyenne

1 gros oignon

TRAITEMENT

Cuire le cabillaud dans 1 litre d'eau froide pendant 5 minutes. Retirez la morue, émiettez-la et retirez les arêtes. Conservez l'eau de cuisson.

Hachez l'oignon à la Juliana et faites-le suer dans une casserole à feu doux pendant environ 20 minutes. Coupez les poireaux en tranches épaisses et ajoutez-les à l'oignon. Faire bouillir encore 10 minutes.

Cachez les pommes de terre (déchirez, ne coupez pas) et ajoutez-les à la cocotte lorsque les poireaux sont bouillis. Faites revenir un peu les pommes de terre, augmentez le feu et ajoutez le vin blanc. Laissez-le diminuer.

Humidifiez la cocotte avec l'eau de cuisson du cabillaud, salez (elle doit être légèrement molle) et laissez cuire jusqu'à ce que les pommes de terre soient tendres. Ajouter la morue et cuire encore 1 minute. Saupoudrer de sel et laisser reposer à couvert pendant 5 minutes.

DECEVOIR

Transformez cette cocotte en une cocotte crémeuse. Il suffit de broyer et de filtrer. agréable.

PATATES FRITES

CONTENU

500 g de pommes de terre

1 verre de vin blanc

1 petit oignon

1 poivron vert

huile d'olive

sel

TRAITEMENT

Épluchez les pommes de terre et coupez-les en fines tranches. Coupez l'oignon et le poivron en julienne. Placer sur une plaque à pâtisserie. Assaisonner de sel et bien graisser avec de l'huile. Remuer pour bien mouiller le tout et couvrir de papier aluminium.

Cuire au four à 160°C pendant 1 heure. Sortez-le, retirez le papier et versez un verre de vin.

Cuire au four couvercle ouvert pendant encore 15 minutes à 200°C.

DECEVOIR

Vous pouvez remplacer le vin par ½ tasse d'eau, ½ tasse de vinaigre et 2 cuillères à soupe de sucre.

MÉLANGE DE CHAMPIGNONS

CONTENU

8 œufs

500 g de champignons nettoyés et tranchés

100 g de jambon serrano haché

8 tranches de pain grillé

2 gousses d'ail

huile d'olive

TRAITEMENT

Coupez l'ail en tranches et faites-les revenir légèrement avec le jambon haché, sans les laisser dorer. Augmentez le feu, ajoutez les champignons nettoyés et tranchés et faites revenir 2 minutes.

Ajouter les œufs battus en remuant constamment jusqu'à ce qu'ils soient légèrement caillés et mousseux.

DECEVOIR

Vous n'avez pas besoin d'ajouter de sel car le jambon Serrano en fournit.

OEUFS SUR UNE ASSIETTE AVEC ANCHIO ET OLIVES

CONTENU

8 œufs

500 g de tomates

40 g d'olives noires dénoyautées

12 anchois

10 câpres

3 gousses d'ail

1 oignon nouveau

origan

Sucre

huile d'olive

sel

TRAITEMENT

Hachez finement l'ail et l'oignon nouveau. Faire rôtir 10 minutes à feu doux.

Épluchez les tomates, retirez les graines et coupez-les en cubes. Ajouter l'ail et l'oignon à la sauce. Augmentez le feu et laissez cuire jusqu'à ce que le jus de tomate s'évapore. Corrigez le sel et le sucre.

Répartissez les tomates dans des pots en terre cuite. Placez dessus 2 œufs cassés et ajoutez le reste des ingrédients hachés. Cuire au four à 180°C jusqu'à ce que les blancs d'œufs se solidifient.

DECEVOIR

L'ajout de sucre aux recettes à base de tomates aide à équilibrer l'acidité qu'il apporte.

POMMES DE TERRE À LA CRÈME AU BACON ET PARMESAN

CONTENU

1 kg de pommes de terre

250 g de lardons

150 g de parmesan

300 ml de crème

3 oignons

noix de muscade

huile d'olive

sel et poivre

TRAITEMENT

Mélangez la crème avec le fromage, le sel, le poivre et la muscade dans un bol.

Épluchez les pommes de terre et les oignons et coupez-les en fines tranches. Faire frire dans une poêle jusqu'à ce qu'ils soient tendres. Égoutter et assaisonner.

A part, faites revenir le bacon coupé en lanières et ajoutez-le à la poêle avec les pommes de terre.

Disposez les pommes de terre dans un plat allant au four, recouvrez-les du mélange de crème et enfournez à 175°C jusqu'à ce que la surface soit râpée.

DECEVOIR

Vous pouvez également préparer cette recette sans faire bouillir les pommes de terre. Il ne vous reste plus qu'à le cuire à 150°C pendant 1 heure.

OEUFS TRÈS BOUILLIS

CONTENU

8 œufs

sel

TRAITEMENT

Faites cuire les œufs pendant 11 minutes en commençant par l'eau bouillante.

Refroidissez-le avec de l'eau et de la glace et retirez-le.

DECEVOIR

Pour faciliter le pelage, ajoutez beaucoup de sel à l'eau de cuisson et pelez dès qu'elle refroidit.

POMME DE TERRE RIDEE

CONTENU

1 kg de petites pommes de terre

500 g de gros sel

TRAITEMENT

Cuire les pommes de terre dans de l'eau salée jusqu'à ce qu'elles soient tendres. Ils doivent être complètement recouverts d'un pouce d'eau supplémentaire. Égouttez les pommes de terre.

Remettez les pommes de terre dans la même poêle (sans les laver) et placez-les sur feu doux en remuant soigneusement jusqu'à ce qu'elles soient sèches. Ensuite, une petite couche de sel se forme sur chaque pomme de terre et sa peau se ride.

DECEVOIR

Ils accompagnent parfaitement les poissons salés. Essayez du pesto.

OEUFS RACLÉS AUX CHAMPIGNONS, CREVETTES ET TRIGUERO

CONTENU

8 œufs

300 g de champignons frais

100 g de crevettes

250 ml de bouillon

2 cuillères à soupe de Pedro Ximénez

1 cuillère à café de farine

1 botte d'asperges sauvages

huile d'olive

1 dl de vinaigre

sel et poivre

TRAITEMENT

Faites cuire les œufs dans beaucoup d'eau bouillante additionnée de sel et d'un peu de vinaigre. Éteignez le feu, couvrez la casserole et attendez 3 ou 4 minutes. Le blanc de l'œuf doit être cuit et le jaune doit être liquide. Retirer, égoutter et assaisonner.

Nettoyez les asperges et coupez-les en deux dans le sens de la longueur. Faire revenir dans une poêle à feu vif, saler et réserver. Faites revenir les crevettes décortiquées et assaisonnées dans la même huile à feu très vif pendant environ 30 secondes. Retraite.

Faites revenir les champignons tranchés dans la même poêle à feu vif pendant 1 minute, ajoutez la farine et faites revenir encore une minute.

Hydratez avec Pedro Ximénez jusqu'à ce qu'il réduise et sèche. Verser le bouillon à saler et porter à ébullition.

Disposer les asperges, les crevettes et les champignons dans une assiette et déposer les œufs dessus. Assaisonner avec la sauce Pedro Ximénez.

DECEVOIR

Cuire le bouillon avec 1 brin de romarin jusqu'à ce qu'il atteigne la moitié de son volume.

MÉLANGER LES POMMES DE TERRE AVEC LE CHORIZO ET LE POIVRON VERT

CONTENU

6 oeufs

120 g de chorizo haché

4 pommes de terre

2 poivrons verts italiens

2 gousses d'ail

1 oignon nouveau

huile d'olive

sel et poivre

TRAITEMENT

Épluchez les pommes de terre, lavez-les et coupez-les en cubes de taille moyenne. Lavez soigneusement jusqu'à ce que l'eau soit claire. Coupez l'oignon nouveau et le poivron en julienne.

Faites revenir les pommes de terre dans beaucoup d'huile chaude et faites-les revenir jusqu'à ce qu'elles soient à moitié cuites, ajoutez les poivrons et les oignons nouveaux et faites cuire jusqu'à ce que les légumes soient dorés et tendres.

Égoutter les pommes de terre, les oignons nouveaux et les poivrons. Pour faire revenir le chorizo haché, laissez juste un peu d'huile dans la poêle. Remettez les pommes de terre, ainsi que la ciboulette et le poivre. Ajouter les œufs cassés et mélanger jusqu'à ce qu'ils soient légèrement fermes. Assaisonnez avec du sel et du poivre.

DECEVOIR

Vous pouvez remplacer le chorizo par du boudin noir, de la chistorra ou encore de la butifarra.

MAUVAISES POMMES DE TERRE

CONTENU

1 kg de pommes de terre

3 gousses d'ail

1 petit poivron vert

1 petit poivron rouge

1 petit oignon

Persil frais

huile d'olive

4 cuillères à soupe de vinaigre

sel

TRAITEMENT

Écrasez l'ail avec le persil, le vinaigre et 4 cuillères à soupe d'eau.

Épluchez et hachez les pommes de terre comme une omelette. Faites revenir dans beaucoup d'huile chaude et ajoutez les oignons et les poivrons coupés en deux en fines juliennes. Continuez à frire jusqu'à ce qu'ils soient légèrement dorés.

Retirez les pommes de terre, l'oignon et les poivrons et égouttez-les. Ajouter l'ail écrasé et le vinaigre. Mélanger et saler.

DECEVOIR

C'est un excellent accompagnement pour tout type de viande, en particulier les viandes grasses comme l'agneau et le porc.

Le Grand-Duc des œufs durs

CONTENU

8 œufs

125 g de Parmesan

30g de beurre

30 g de farine

½ litre de lait

4 tranches de pain grillé

noix de muscade

Vinaigre

sel et poivre

TRAITEMENT

Préparez la béchamel en faisant rôtir la farine dans le beurre à feu doux pendant 5 minutes, ajoutez le lait et laissez cuire encore 5 minutes en remuant constamment. Assaisonner avec du sel, du poivre et de la muscade.

Faites cuire les œufs dans beaucoup d'eau bouillante additionnée de sel et d'un peu de vinaigre. Éteignez le feu, couvrez la casserole et attendez 3 ou 4 minutes. Retirer et égoutter.

Placez l'œuf dur sur les toasts et arrosez-le de sauce béchamel. Saupoudrer de parmesan râpé et faire griller au four.

DECEVOIR

Lorsque l'eau bout, remuez-la avec un fouet et ajoutez immédiatement l'œuf. Le résultat est une forme ronde et parfaite.

Pommes de terre aux côtes levées

CONTENU

3 grosses pommes de terre

1 kg de côtes de porc marinées

4 cuillères à soupe de sauce tomate

2 gousses d'ail

1 feuille de laurier

1 poivron vert

1 poivron rouge

1 oignon

huile d'olive

sel

TRAITEMENT

Divisez les côtes et faites-les revenir dans une poêle très chaude. Sortez-le et réservez.

Faire revenir le poivron haché de taille moyenne, l'ail et l'oignon dans la même huile. Lorsque les légumes sont tendres, ajoutez le concentré de tomates et ajoutez à nouveau les côtes. Mélanger et laver à l'eau. Ajouter la feuille de laurier et cuire à feu doux jusqu'à ce qu'elle soit presque tendre.

Ajoutez ensuite les pommes de terre. Salez et poursuivez la cuisson jusqu'à ce que les pommes de terre soient tendres.

DECEVOIR

Conserver les pommes de terre, c'est les casser avec un couteau sans les couper complètement. De cette façon, les pommes de terre libèrent leur amidon et le bouillon devient plus riche et plus dense.

OEUFS AU PAIN

CONTENU

8 œufs

70 g de beurre

70 g de farine

Farine, œufs et chapelure (pour le pain)

½ litre de lait

noix de muscade

huile d'olive

sel et poivre

TRAITEMENT

Faites chauffer la poêle avec de l'huile d'olive et faites revenir les œufs en laissant les jaunes crus ou légèrement cuits. Filtrer, saler et retirer l'excès d'huile.

Préparez la sauce béchamel en faisant rôtir la farine dans le beurre fondu pendant 5 minutes. Ajoutez le lait en remuant constamment et faites cuire à feu moyen pendant 10 minutes. Assaisonner de noix de coco et assaisonner.

Enduisez soigneusement les œufs de tous les côtés de sauce béchamel. Laissez-le refroidir au réfrigérateur.

Enrober les œufs de farine, d'œuf battu et de chapelure et les faire frire dans beaucoup d'huile chaude jusqu'à ce qu'ils soient dorés.

DECEVOIR

Plus les œufs sont frais, moins ils éclabousseront lors de la friture. Pour ce faire, sortez-le du réfrigérateur 15 minutes avant de le faire frire.

POMME DE TERRE AUX NOISETTES

CONTENU

750 g de pommes de terre

25g de beurre

1 cuillère à café de persil frais haché

2 cuillères à soupe d'huile d'olive

sel et poivre

TRAITEMENT

Épluchez les pommes de terre et retirez les boules à l'aide d'un emporte-pièce. Faites-les cuire dans une casserole d'eau froide salée. Lorsqu'elle bout pour la première fois, attendez 30 secondes et égouttez l'eau.

Faire fondre le beurre avec l'huile dans une poêle. Ajouter les pommes de terre séchées et égouttées et cuire à feu moyen-doux jusqu'à ce que les pommes de terre soient dorées et tendres à l'intérieur. Assaisonner de sel, poivre et ajouter le persil.

DECEVOIR

Ils peuvent également être préparés au four à 175°C, en remuant de temps en temps, jusqu'à ce qu'ils soient ramollis et dorés.

Oeufs de cheville

CONTENU

8 œufs

sel

Vinaigre

TRAITEMENT

Cuire les œufs dans l'eau bouillante avec du sel et du vinaigre pendant environ 5 minutes. Retirer immédiatement, rafraîchir dans de l'eau glacée et peler délicatement.

DECEVOIR

Pour éplucher facilement les œufs durs, ajoutez beaucoup de sel à l'eau.

POMMES DE TERRE DE LA RIOJANA

CONTENU

2 grosses pommes de terre

1 cuillère à café de pulpe de choricero ou de piment ñora

2 gousses d'ail

1 saucisse asturienne

1 poivron vert

1 feuille de laurier

1 oignon

poivrons

4 cuillères à soupe d'huile d'olive

sel

TRAITEMENT

Faire revenir l'ail haché dans l'huile pendant 2 minutes. Ajoutez l'oignon et le poivron coupés en julienne et faites revenir à feu moyen-doux pendant environ 25 minutes (ils doivent être caramélisés). Ajoutez une cuillère à café de piment chorizo.

Ajouter le chorizo haché et faire revenir encore 5 minutes. Ajoutez les pommes de terre cachepot et laissez cuire encore 10 minutes en remuant constamment. Saison salée.

Ajouter le poivron rouge et couvrir d'eau. Cuire à feu très doux avec les feuilles de laurier jusqu'à ce que les pommes de terre soient prêtes.

DECEVOIR

Vous pouvez faire de la crème avec les restes. C'est un merveilleux apéritif.

POMMES DE TERRE AU POISSON COUPE

CONTENU

3 grosses pommes de terre

1 kg de seiche

3 gousses d'ail

1 boîte de petits pois

1 gros oignon

Soupe de poisson

Persil frais

huile d'olive

sel

TRAITEMENT

Coupez l'oignon, l'ail et le persil en petits morceaux. Faites revenir le tout dans une poêle à feu moyen.

Une fois les légumes bouillis, augmentez le feu et faites revenir les seiches coupées en morceaux de taille moyenne pendant 5 minutes. Versez le bouillon de poisson (ou l'eau froide) et faites cuire jusqu'à ce que les calamars deviennent tendres. Salez et ajoutez les pommes de terre pelées, les échalotes et les petits pois.

Réduire le feu et laisser mijoter jusqu'à ce que les pommes de terre soient cuites. Saupoudrer de sel et servir chaud.

DECEVOIR

Il est très important de faire frire les seiches à feu très vif, sinon elles deviendront dures et peu juteuses.

OMELETTE DE CREVETTES À L'AIL

CONTENU

8 œufs

350 g de crevettes décortiquées

4 gousses d'ail

1 piment fort

huile d'olive

sel

TRAITEMENT

Coupez l'ail en tranches et faites-le revenir légèrement avec du piment. Ajouter les crevettes, saler et retirer du feu. Égoutter les crevettes, l'ail et le poivron rouge.

Faites bien chauffer la poêle avec l'huile d'ail. Battez les œufs et assaisonnez. Ajoutez les crevettes et l'ail et roulez-le sur lui-même pour épaissir légèrement.

DECEVOIR

Faites bien chauffer l'huile avant de l'ajouter pour éviter que la tortilla ne colle à la poêle.

POMMES DE TERRE LÉGÈRES À LA MORUE

CONTENU

1 kg de pommes de terre

500 g de morue dessalée

1 litre de fumée

2 gousses d'ail

1 poivron vert

1 poivron rouge

1 oignon

persil frais haché

huile d'olive

sel

TRAITEMENT

Hachez finement l'oignon, l'ail et le poivre. Faites revenir les légumes à feu doux pendant 15 minutes.

Ajouter les pommes de terre cachepot (déchirées, non coupées) et faire sauter encore 5 minutes.

Saupoudrer le bouillon de sel et cuire jusqu'à ce que les pommes de terre soient presque prêtes. Ajoutez ensuite le cabillaud et le persil et laissez cuire 5 minutes. Saupoudrer de sel et servir chaud.

DECEVOIR

Vous pouvez ajouter 1 petit verre de vin blanc et quelques piments forts avant le ragoût.

PURÉE DE POMME DE TERRE

CONTENU

400 g de pommes de terre

100 g de beurre

200 ml) lait

1 feuille de laurier

noix de muscade

sel et poivre

TRAITEMENT

Cuire les pommes de terre lavées et coupées avec les feuilles de laurier à feu moyen jusqu'à ce qu'elles ramollissent. Égouttez les pommes de terre et passez-les au moulin à pommes de terre.

Faire bouillir le lait avec le beurre, la muscade, le sel et le poivre.

Versez le lait sur les pommes de terre et battez avec un fouet. Corrigez ce qui manque si nécessaire.

DECEVOIR

Ajoutez 100 g de parmesan râpé et battez au fouet. Le résultat est délicieux.

OMELETTE AUX HARICOTS ET MORCILLA

CONTENU

8 œufs

400 g de fèves

150 g de boudin noir

1 gousse d'ail

1 oignon

huile d'olive

sel

TRAITEMENT

Cuire les fèves dans l'eau bouillante avec un peu de sel jusqu'à ce qu'elles ramollissent. Filtrer et rafraîchir avec de l'eau froide et de la glace.

Hachez finement l'oignon et l'ail. Faites-le rôtir avec le boudin noir à feu doux pendant environ 10 minutes en prenant soin de ne pas le casser. Ajouter les fèves et cuire encore 2 minutes.

Battez les œufs et le sel. Ajouter les fèves et le caillé dans une poêle très chaude.

DECEVOIR

Pour rendre un plat encore plus spectaculaire, retirez la peau de chaque fève dès qu'elle a refroidi. Il aura une texture plus fine.

LA RENCONTRE D'AGLI ET TRIGUEROS

CONTENU

8 œufs

100 g de pousses d'ail

8 tranches de pain grillé

8 asperges sauvages

2 gousses d'ail

huile d'olive

sel et poivre

TRAITEMENT

Tranchez finement les pousses d'ail et les asperges pelées. Coupez l'ail en tranches et faites-le revenir légèrement avec les pousses d'ail et les asperges. Saison.

Ajouter les œufs battus en remuant constamment jusqu'à ce qu'ils soient légèrement caillés. Servir les œufs brouillés sur des tranches de pain grillé.

DECEVOIR

Les œufs peuvent également être préparés au bain-marie à feu moyen, en remuant constamment. Ils resteront dans une consistance mielleuse.

MÉTÉO DE POMMES DE TERRE AVEC NÍSCALE

CONTENU

6 grosses pommes de terre

500 g de girolles

1 cuillère à café rase de paprika doux

1 gousse d'ail

1 oignon

½ poivron vert

½ poivron rouge

poivron rouge épicé

Bouillon (à couvrir au besoin)

TRAITEMENT

Faire revenir les légumes hachés à feu doux pendant 30 minutes. Ajouter les pommes de terre de cache (déchirées, non coupées) et faire revenir 5 minutes. Ajoutez les champignons nettoyés, coupés en quartiers et équeutés.

Faites frire pendant 3 minutes et ajoutez du paprika doux et quelques épices. Versez le bouillon et assaisonnez avec du sel (il doit être légèrement désagréable). Cuire à feu doux et saler.

DECEVOIR

Retirez quelques pommes de terre bouillies avec un peu de bouillon, écrasez-les et remettez-les dans la cocotte pour épaissir la sauce.

Omelette aux cèpes et crevettes

CONTENU

8 œufs

400 g de cèpes nettoyés

150 g de crevettes

3 gousses d'ail

2 cuillères à soupe d'huile d'olive

sel et poivre

TRAITEMENT

Hachez finement l'ail et faites-le revenir légèrement dans une poêle à feu moyen.

Coupez les cèpes en cubes, augmentez le feu et ajoutez l'ail dans la poêle. Cuire 3 minutes. Ajoutez les crevettes décortiquées et assaisonnées et faites revenir encore 1 minute.

Battez les œufs et salez-les. Ajouter les cèpes et les crevettes. Faites bien chauffer la poêle avec 2 cuillères à soupe d'huile et pliez la tortilla des deux côtés.

DECEVOIR

Une fois tous les ingrédients mélangés, ajoutez un peu d'huile de truffe. Un plaisir.

ŒUF GRATINÉ

CONTENU

8 œufs

125 g de Parmesan

8 tranches de jambon serrano

8 tranches de pain grillé

Béchamel (Voir la section Bouillons et sauces)

Vinaigre

sel et poivre

TRAITEMENT

Faites cuire les œufs dans beaucoup d'eau bouillante additionnée de sel et d'un peu de vinaigre. Éteignez le feu, couvrez la casserole et attendez 3 ou 4 minutes. Retirer et rafraîchir avec de l'eau glacée. Égouttez l'eau avec une écumoire et placez-la sur du papier absorbant.

Répartissez le jambon serrano dans 4 casseroles. Disposez les œufs dessus, tartinez de béchamel dessus et saupoudrez de parmesan râpé. Gratiner jusqu'à ce que le fromage soit doré.

DECEVOIR

Il peut être préparé avec du bacon fumé ou de la sobrassada.

OMELÈTE AVEC MARIONNETTE ET TOMATES

CONTENU

8 œufs

2 tomates

1 courgette

1 oignon

huile d'olive

sel

TRAITEMENT

Coupez l'oignon en fines lanières et faites-le revenir à feu doux pendant 10 minutes.

Coupez les courgettes et les tomates en tranches et faites-les revenir dans une poêle bien chaude. Une fois dorées, coupez les courgettes et les tomates en fines lanières. Ajouter à l'oignon et assaisonner de sel.

Battez les œufs et ajoutez-les aux légumes. Saison salée. Faites bien chauffer la poêle et semi-solidifiez la tortilla pour qu'elle touche toute la surface de la poêle, puis roulez-la sur elle-même.

DECEVOIR

Essayez de le préparer avec des aubergines hachées et de la béchamel.

POMMES DE TERRE REVOLCONAS DE TORREZNOS

CONTENU

400 g de pommes de terre

1 cuillère à soupe de poivron rouge

2 tranches de bacon mariné pour les torreznos

2 gousses d'ail

grand Canyon

huile d'olive

sel

TRAITEMENT

Épluchez les pommes de terre et faites-les cuire dans une casserole jusqu'à ce qu'elles soient très tendres. Conservez l'eau de cuisson.

Pendant ce temps, faites frire le bacon haché dans un peu d'huile à feu doux pendant 10 minutes ou jusqu'à ce qu'il soit croustillant. Retirez les torreznos.

Faites revenir l'ail haché dans la même huile. Faites également revenir le poivron rouge puis ajoutez-le à la cocotte de pommes de terre. Ajoutez un peu de sel et une pincée de poudre de poivron rouge.

Écrasez avec des baguettes et ajoutez un peu d'eau de cuisson des pommes de terre si nécessaire.

DECEVOIR

Faites toujours cuire les pommes de terre dans de l'eau froide pour éviter qu'elles ne durcissent ou qu'elles mettent plus de temps à ramollir.

OMELETTE AUX CHAMPIGNONS ET PARMESAN

CONTENU

8 œufs

300g de champignons émincés

150 g de parmesan râpé

4 gousses d'ail

1 piment fort

huile d'olive

sel

TRAITEMENT

Coupez l'ail en tranches et faites-le revenir légèrement avec du piment. Ajoutez les champignons à feu vif, salez et faites revenir 2 minutes. Retirer du feu. Égoutter les champignons, l'ail et le poivron rouge.

Faites bien chauffer la poêle avec l'huile d'ail. Battez les œufs et assaisonnez, ajoutez les champignons, le parmesan râpé et l'ail. Roulez la tortilla sur elle-même en lui permettant de s'enrouler légèrement.

DECEVOIR

Accompagné d'une bonne sauce tomate parfumée au cumin.

soufflé aux pommes de terre

CONTENU

1 kg de pommes de terre de taille égale

2 litres d'huile d'olive

sel

TRAITEMENT

Épluchez les pommes de terre jusqu'à ce qu'elles forment une forme rectangulaire et coupez-les en carrés. Tranchez les pommes de terre à la mandoline sur environ 4 mm d'épaisseur. Placez-les sur du papier absorbant (ne les mettez pas dans l'eau) et séchez-les soigneusement.

Faites chauffer l'huile dans une casserole à environ 150 °C (maintenez-la à ébullition constante). Ajoutez les pommes de terre par lots et remuez bien la casserole dans un mouvement circulaire. Faire bouillir pendant 12 minutes ou jusqu'à ce qu'il commence à remonter à la surface. Retirez et séparez les serviettes en papier.

Augmentez le feu jusqu'à ce qu'il commence à fumer légèrement et ajoutez les pommes de terre, petit à petit, en remuant avec une écumoire. Ils vont gonfler à ce moment. Assaisonner avec du sel et servir.

DECEVOIR

Ils peuvent être préparés un jour à l'avance ; Il suffit de les conserver au réfrigérateur, posés sur du papier absorbant. Lorsqu'ils sont prêts à manger, faites-les revenir une dernière fois dans l'huile chaude pour qu'ils restent gonflés et croustillants. Finalement il monte. Il est très important que les pommes de terre soient de la variété pluvieuse, comme la variété aigre. Cela fonctionne parfaitement.

OMELETTE

CONTENU

7 gros œufs

800 g de pommes de terre à frire

Huile d'olive vierge extra

sel

TRAITEMENT

Peler les patates. Coupez-les en quatre dans le sens de la longueur et coupez-les en fines tranches. Chauffer l'huile à température moyenne. Ajouter les pommes de terre et faire revenir jusqu'à ce qu'elles soient tendres et légèrement dorées.

Battez les œufs et le sel. Bien égoutter les pommes de terre et les ajouter aux œufs battus. Saison salée.

Faites bien chauffer la poêle, ajoutez 3 cuillères à soupe d'huile de friture et ajoutez le mélange d'œufs et de pommes de terre. Remuer à feu vif pendant 15 heures et retourner avec une assiette. Faites chauffer la poêle et ajoutez 2 cuillères à soupe d'huile pour faire revenir les pommes de terre. Ajoutez la tortilla et faites frire à feu vif pendant environ 15 secondes. Retirer et servir.

DECEVOIR

Faites bien chauffer la poêle avant d'ajouter l'huile pour éviter que la tortilla ne colle. Si vous préférez des pâtes bien cuites et légèrement dorées, baissez le feu et poursuivez la cuisson jusqu'à obtenir la consistance que nous aimons.

POMME DE TERRE DUCHESSE

CONTENU

500 g de pommes de terre

60 g de beurre

3 oeufs

noix de muscade

2 cuillères à soupe d'huile d'olive

sel et poivre

TRAITEMENT

Épluchez les pommes de terre, coupez-les en quartiers et faites-les cuire dans l'eau salée pendant 30 minutes. Égoutter et passer au hachoir à légumes.

Ajouter le sel fort, le poivre, la muscade, le beurre et 2 jaunes d'œufs. Bien mélanger.

A l'aide de 2 cuillères à soupe d'huile, formez des tas de pommes de terre sur une assiette recouverte de papier sulfurisé. Badigeonnez-le de l'autre œuf battu et faites-le cuire au four à 180° jusqu'à ce qu'il devienne doré.

DECEVOIR

Idéalement, placez la purée dans une poche à douille à bouche frisée.

RIZ À CUBA

CONTENU

Riz pilaf (voir rubrique Riz et Pâtes)

4 œufs

4 bananes

Purée de tomates (Voir la section Bouillons et Sauces)

Notoriété

huile d'olive

TRAITEMENT

Préparez le riz pilaf et la sauce tomate.

Faites frire les œufs dans beaucoup d'huile bouillante jusqu'à ce que les jaunes durcissent légèrement.

Fariner les bananes et les faire frire jusqu'à ce qu'elles soient légèrement dorées.

Placer le riz dans une assiette, assaisonner de sauce tomate et servir avec des œufs au plat et des bananes.

DECEVOIR

Les bananes frites peuvent être intéressantes, mais les essayer fait partie de la recette originale.

SOUPE DE RIZ AUX MOULES, MOULES ET CREVETTES

CONTENU

800 g de riz

250 g d'huîtres

250 g de moules décortiquées nettoyées

100 g de crevettes décortiquées

2 litres de bouillon de poisson

1 cuillère à soupe de pulpe de piment choricero

2 gousses d'ail

1 oignon

1 tomate râpée

huile d'olive

sel

TRAITEMENT

Égoutter les palourdes dans un bol avec de l'eau froide et 4 cuillères à soupe de sel.

Coupez l'oignon et l'ail en petits morceaux et faites-les revenir à feu doux pendant 15 minutes.

Ajoutez la tomate râpée et le chorizo et poursuivez la friture jusqu'à ce que le jus de tomate se soit évaporé.

Ajouter le riz et faire revenir pendant 3 minutes. Ajouter le bouillon jusqu'à saler et cuire à feu moyen pendant environ 18 minutes ou jusqu'à ce que le riz soit cuit.

Ajouter les palourdes, les moules et les crevettes durant les 3 dernières minutes.

DECEVOIR

Le nettoyage signifie l'immersion dans de l'eau froide salée ; ainsi les palourdes ou autres bivalves expulseront tout le sable et la saleté dont ils disposent.

RIZ CANTONIEN AU POULET

CONTENU

200 g de riz long

50 g de petits pois cuits

150 ml de sauce tomate

½ dl de sauce soja

2 poitrines de poulet

2 tranches d'ananas au sirop

1 gros poivron vert

1 gros oignon nouveau

huile d'olive

sel et poivre

TRAITEMENT

Faites cuire le riz dans l'eau bouillante salée pendant 14 minutes. Vider et renouveler.

Coupez le poivron et l'oignon nouveau en petits morceaux et faites cuire à feu doux pendant 10 minutes. Augmentez le feu et ajoutez le poulet assaisonné et coupé en lanières.

Faites frire légèrement et ajoutez le riz, le soja, les pois et l'ananas. Laissez bouillir à feu doux jusqu'à ce qu'il sèche.

Ajoutez la tomate, augmentez le feu et faites revenir jusqu'à ce que le riz soit cuit.

DECEVOIR

Le riz doit être frit dans les 2 dernières minutes lorsque les graines de soja sont complètement réduites. Vous pouvez ajouter des crevettes ou des crevettes cuites.

COQUE DE RIZ

CONTENU

500 g de riz

1 ¼ l de poulet ou de bouillon

1 saucisse

1 saucisse

1 boudin noir

1 lapin

1 petit poulet

1 tomate

10 œufs

safran ou colorant

huile d'olive

sel et poivre

TRAITEMENT

Préchauffer le four à 220°C. Coupez le chorizo, le saucisson et le boudin noir en petits morceaux et faites-les revenir dans une poêle à feu vif. Achetez et réservez.

Faites revenir les morceaux de lapin et de poulet dans la même huile. Assaisonnez de sel et de poivre et ajoutez les tomates râpées. Cuire jusqu'à ce qu'il ne reste plus d'eau.

Ajouter les saucisses et le riz et cuire 2 minutes.

Ajouter le bouillon jusqu'à la pointe de sel, ajouter le safran ou le colorant et cuire à feu moyen-vif pendant 7 minutes. Ajoutez les œufs et laissez cuire 13 minutes.

DECEVOIR

Pour faire lever davantage les œufs au four, battez-les légèrement sans sel.

RIZ CATALIEN

CONTENU

500 g de riz

500 g de tomates

150 g de saucisses fraîches

150 g de viande hachée mélangée

100 g d'oignon haché

1 litre de bouillon

1 ½ cuillères à café de poivron rouge

1 cuillère à café de persil frais

1 cuillère à café de farine

½ cuillère à soupe de farine

3 gousses d'ail

2 feuilles de laurier

1 oeuf

10 gousses de safran

Sucre

1 cuillère à soupe de beurre

huile d'olive

sel et poivre

TRAITEMENT

Ajoutez la viande hachée, le persil, 1 gousse d'ail finement hachée, l'œuf, le sel et le poivre noir. Mélangez le tout et formez des boules. Faire revenir dans l'huile, retirer et réserver.

Faire revenir le beurre dans la même huile à feu doux. Ajoutez la farine et 1/2 cuillère à café de paprika et poursuivez la friture pendant encore une minute. Ajoutez les tomates en quartiers et 1 feuille de laurier. Couvrir et cuire 30 minutes, remuer, filtrer et assaisonner de sel et de sucre si nécessaire.

Cuire les saucisses et les boulettes de viande hachées dans la sauce tomate pendant 5 minutes.

A part, faites revenir les 2 autres gousses d'ail et l'oignon finement haché, ajoutez le riz, 1 cuillère à café de poivron rouge et l'autre feuille de laurier et remuez pendant 2 minutes. Ajouter le safran et l'eau bouillante jusqu'au sel et cuire 18 minutes ou jusqu'à ce que le riz soit cuit.

DECEVOIR

Vous pouvez également ajouter des saucisses à ce plat de riz.

SOUPE AUX HARICOTS BLANCS ET AU RIZ

CONTENU

300 g de riz

250 g de haricots blancs

450 g de betterave

½ litre de bouillon de poulet

2 gousses d'ail

1 tomate râpée

1 oignon

1 cuillère à café de poivron rouge

10 gousses de safran

huile d'olive

sel

TRAITEMENT

Laissez les haricots tremper toute la nuit. Cuire dans de l'eau froide non salée jusqu'à ce qu'ils soient tendres. Réserve.

Nettoyez les feuilles de blettes et coupez-les en morceaux de taille moyenne. Nettoyez les tiges, épluchez-les et coupez-les en petits morceaux. Cuire dans l'eau bouillante salée pendant 5 minutes ou jusqu'à tendreté. Recharger.

Coupez l'oignon et l'ail en petits morceaux. Faites-les revenir dans une casserole à feu doux. Ajouter le poivron rouge et le safran. Cuire 30 secondes. Ajoutez la tomate, augmentez le feu et laissez cuire jusqu'à ce que le jus de tomate soit évaporé.

Ajouter le riz et cuire encore 2 minutes. Ajoutez 250 ml d'eau de cuisson de haricots et 250 ml d'eau de cuisson de blettes au bouillon de volaille. Ajoutez-le au point de sel et ajoutez-le au riz. Cuire 15 minutes, ajouter les betteraves et les haricots et cuire encore 3 minutes.

DECEVOIR

En fin de cuisson, remuez délicatement le riz pour libérer la fécule et épaissir le bouillon.

RIZ TONON FRAIS

CONTENU

200 g de riz

250 g de thon frais

1 cuillère à café de poivron rouge

½ litre de bouillon de poisson

4 tomates râpées

3 piments piquillos

1 poivron vert

2 gousses d'ail

1 oignon

10 gousses de safran

sel

TRAITEMENT

Faites revenir le thon haché dans une poêle à feu vif. Achetez et réservez.

Coupez l'oignon, le poivron vert et l'ail en petits morceaux. Faites revenir le thon dans la même huile à feu doux pendant environ 15 minutes.

Ajouter le safran, le poivron rouge, le piment piquillo haché de taille moyenne et la tomate râpée. Faire bouillir les tomates jusqu'à ce qu'elles perdent toute leur eau.

Ajoutez ensuite le riz et laissez cuire encore 3 minutes. Versez l'eau à saler et laissez cuire 18 minutes. Ajoutez à nouveau le thon environ 1 minute avant que le riz ne soit prêt. Laissez reposer 4 minutes.

DECEVOIR

Il faut être prudent lors de la cuisson du thon. S'il est trop cuit, il sera trop sec et presque insipide.

RIZ AU POULET, BACON, AMANDES ET RAISINS

CONTENU

300 g de riz

175 g de lardons

150 g d'amandes granillo grillées

75 g de raisins secs

700 ml de bouillon de poulet

1 poitrine de poulet

10 gousses de safran

1 poivron vert

1 poivron rouge

1 gousse d'ail

1 tomate râpée

1 oignon nouveau

huile d'olive

sel et poivre

TRAITEMENT

Coupez la poitrine en morceaux de taille moyenne, assaisonnez de sel et de poivre et faites-la revenir à feu vif. Achetez et réservez. Faites revenir les lardons hachés dans la même huile. Achetez et réservez.

Coupez tous les légumes sauf les tomates en petits morceaux. Faites-les revenir à feu doux pendant 15 minutes. Ajouter le safran et le poivron rouge. Frire pendant 30 secondes. Ajouter les tomates râpées et cuire à feu vif jusqu'à ce que l'eau s'évapore.

Ajouter le riz et cuire 3 minutes en remuant constamment. Ajouter le poulet, les raisins secs et le bacon. Ajouter le bouillon jusqu'à saler et cuire 18 minutes. Laissez reposer 4 minutes et servez en parsemant d'amandes.

DECEVOIR

Pour rendre les raisins plus doux, il est recommandé de les humidifier avec de l'eau ou un peu de rhum.

RIZ À LA MORUE ET HARICOTS BLANCS

CONTENU

200 g de riz

250 g de morue non salée

125 g de haricots blancs cuits

½ litre de bouillon de poisson

1 oignon nouveau

1 gousse d'ail

1 tomate râpée

1 poivron vert

10 gousses de safran

huile d'olive

sel

TRAITEMENT

Coupez l'oignon nouveau, l'ail et le poivron en petits morceaux et faites cuire à feu doux pendant 15 minutes. Ajoutez le safran et les tomates râpées et faites cuire jusqu'à ce qu'il ne reste presque plus de jus dans les tomates.

Ajouter le riz et cuire 3 minutes. Ajouter le bouillon jusqu'à saler et cuire environ 16 minutes. Ajoutez la morue et les haricots. Cuire encore 2 minutes et laisser reposer 4 minutes.

DECEVOIR

Pour que le riz sèche complètement, il peut être mis au four dès la première ébullition. 18 minutes à 200 ºC suffiront.

Riz au homard

CONTENU

250 g de riz

150 g d'huîtres

¾ l de bouillon de poisson (voir rubrique Bouillons et Sauces)

1 gros homard

1 cuillère à soupe de persil haché

2 tomates râpées

1 oignon

1 gousse d'ail

10 gousses de safran

huile d'olive

sel

TRAITEMENT

Coupez le homard en deux. Égoutter les huîtres dans l'eau froide salée pendant 2 heures.

Faites frire le homard des deux côtés dans un peu d'huile. Séparez l'oignon et l'ail hachés et ajoutez-les à la même huile. Faire revenir à feu doux pendant 10 minutes.

Ajoutez le safran, laissez cuire 30 secondes, augmentez le feu et ajoutez les tomates. Faire bouillir les tomates jusqu'à ce qu'elles perdent toute leur eau.

Ajouter le riz et cuire 2 minutes. Versez de l'eau bouillante, salez et laissez cuire encore 14 minutes. Ajouter les huîtres et la chair du homard, côté vers le bas. Laissez reposer à couvert pendant environ 4 minutes.

DECEVOIR

Pour rendre ce riz sucré, il faut ajouter trois fois plus de bouillon que de riz. Et si vous voulez que ce soit du bouillon, vous devez ajouter quatre fois plus de bouillon que de riz.

RIZ GREC

CONTENU

600 g de riz

250 g de saucisses fraîches

100 g de bacon haché

100 g de poivron rouge

100 g d'oignon

50 g de petits pois

1 litre de bouillon

1 feuille de laurier

1 branche de thym

sel et poivre

TRAITEMENT

Coupez l'oignon et le poivron en petits morceaux et faites-les revenir à feu moyen.

Coupez les saucisses en petits morceaux et ajoutez-les à la sauce aux oignons et aux poivrons. Ajoutez le bacon et laissez cuire 10 minutes.

Mélangez le riz et ajoutez le bouillon au sel, aux petits pois et aux herbes aromatiques. Assaisonnez de sel et de poivre et poursuivez la cuisson à feu doux pendant encore 15 minutes.

DECEVOIR

Des poivrons piquillos peuvent être utilisés ; Ils donneront la touche de douceur parfaite.

RIZ PANÉ

CONTENU

600 g de riz

500 g de tomates

250 g de champignons nettoyés

150 g de beurre

90 g d'oignon

75 g de parmesan râpé

1 et ¼ tasse de bouillon

12 gousses de safran

sel

TRAITEMENT

Faites revenir l'oignon émincé dans le beurre à feu doux pendant 10 minutes. Ajoutez les tomates hachées et faites frire encore 10 minutes ou jusqu'à ce que les tomates absorbent leur jus.

Ajouter le riz et cuire 2 minutes. Ajoutez ensuite les champignons hachés et le safran.

Ajouter de l'eau bouillante jusqu'au sel et cuire environ 18 minutes ou jusqu'à ce que le riz soit tendre. Ajouter le fromage et mélanger.

DECEVOIR

Si le safran est légèrement grillé dans du papier aluminium et réduit en poudre dans un mortier avec du sel, le safran se répartira uniformément.

RIZ AUX FRUITS DE MER

CONTENU

500g de bombe ou de riz rond

1 litre et demi de bouillon de poisson

1 oignon

1 poivron rouge

1 poivron vert

1 grosse tomate râpée

2 gousses d'ail

8 fils de safran

8 calamars

Divers mollusques (langoustines, carabiniers, etc.)

huile d'olive

sel

TRAITEMENT

Préparez un bouillon de poisson composé d'arêtes, de têtes de poisson et de coquillages. Pour cela, faites cuire le tout à feu doux pendant 25 minutes, avec suffisamment d'eau pour couvrir pendant la cuisson. Filtrer et assaisonner de sel.

Pendant ce temps, coupez l'oignon, le poivron et l'ail en cubes et faites-les revenir dans un peu d'huile. Ajoutez les calamars coupés en morceaux et faites cuire à feu vif pendant 2 minutes. Ajouter les tomates râpées et cuire jusqu'à ce que l'eau s'évapore.

Ajoutez le riz et laissez cuire. Ajouter le safran et le bouillon jusqu'à saler et cuire à feu moyen pendant 18 minutes.

Dans les 2 dernières minutes, ajoutez les mollusques soigneusement nettoyés et, si vous le souhaitez, pré-grillés. Laissez reposer 5 minutes.

DECEVOIR

Si vous ajoutez quelques grains de ñora au bouillon, le bouillon sera plus savoureux et aura une belle couleur.

RIZ TROIS DÉLICES

CONTENU

400 g de riz

150 g de jambon cuit

150 g de petits pois

3 carottes

3 oeufs

huile d'olive

sel

TRAITEMENT

Faites revenir le riz dans un peu d'huile puis faites-le cuire dans de l'eau bouillante salée.

Pendant ce temps, épluchez les carottes, coupez-les en morceaux et faites-les revenir à feu vif. Cuire les petits pois dans l'eau bouillante salée pendant 12 minutes. Filtrer et actualiser.

Préparez une omelette française avec 3 œufs. Coupez le jambon cuit en cubes et ajoutez-le au riz. Faire revenir à feu doux pendant 5 minutes. Ajouter les carottes, les petits pois et la tortilla coupée en fines lanières.

DECEVOIR

Il est préférable d'utiliser du riz long pour cette recette. Il faut le cuire avec la bonne quantité d'eau.

EN PARTENARIAT AVEC MELOUS RICE

CONTENU

500 g de riz bombé

2 perdrix

1 oignon

1 poivron rouge

1 poivron vert

1 carotte

2 gousses d'ail

2 cuillères à soupe de tomates frites

1 feuille de laurier

Origan

Brandy

huile d'olive

sel et poivre

TRAITEMENT

Hachez les perdrix et assaisonnez-les. Faites-les revenir dans une poêle à feu vif. Achetez et réservez. Faites revenir les poivrons, l'oignon, l'ail et les carottes finement hachés dans la même huile.

Ajouter les tomates rôties et le cognac et réduire. Ajoutez ensuite le thym, le laurier et la perdrix. Ajoutez suffisamment d'eau et une pincée de sel et faites cuire à feu doux jusqu'à ce que les perdrix soient tendres.

Lorsque les perdrix deviennent tendres, retirez-les du bouillon et ne laissez que 1,5 litre d'eau de cuisson dans la même casserole.

Portez le bouillon au point de sel et ajoutez le riz et les perdrix. Cuire environ 18 minutes en remuant doucement à la fin pour rendre le riz collant.

DECEVOIR

Cette recette peut être réalisée du jour au lendemain. Il suffit d'ajouter le riz.

RISOTTO AUX ASPERGES SAUVAGES ET AU SAUMON

CONTENU

240 g de riz arboricole

150 g de parmesan

600cl de bouillon

1 verre de vin blanc

2 cuillères à soupe de beurre

4 asperges sauvages

1 oignon

4 tranches de saumon fumé

TRAITEMENT

Faites revenir l'oignon émincé dans 1 cuillère à soupe de beurre à feu doux pendant 10 minutes. Ajouter le riz et cuire encore 1 minute. Ajoutez le vin et laissez-le s'évaporer complètement.

Pendant ce temps, coupez les asperges en tranches et faites-les revenir à la poêle. Réserve

Faites bouillir le bouillon jusqu'à ce qu'il soit salé et ajoutez-le au riz (il doit y avoir un doigt au-dessus du riz). Cuire à feu doux en remuant constamment et en ajoutant du bouillon au fur et à mesure que le liquide s'évapore.

Lorsque le riz est presque cuit (laissez-le toujours légèrement velouté), ajoutez les asperges sautées et les lanières de saumon fumé.

Complétez l'autre cuillère de beurre avec du parmesan et mélangez. Laisser reposer 5 minutes avant de servir.

DECEVOIR

Le vin peut aussi être rouge, rosé ou pétillant. Le riz peut être préparé à l'avance. Pour ce faire, il suffit de cuire le riz pendant 10 minutes, de le congeler jusqu'à ce qu'il refroidisse et de le mettre au réfrigérateur. Lorsque vous souhaitez le préparer, ajoutez simplement de l'eau chaude et attendez que le riz cuise.

RIZ À LA GRENOUILLE PÊCHE, POIS CHICHES ET ÉPINARDS

CONTENU

300 g de riz

250 g de pois chiches cuits

250 g d'épinards frais

450 g de lotte coupée en morceaux

750 ml de bouillon de poisson

10 gousses de safran

2 gousses d'ail

1 oignon nouveau

1 tomate râpée

1 cuillère à café de poivron rouge

huile d'olive

sel et poivre

TRAITEMENT

Assaisonnez la lotte avec du sel et du poivre et faites-la revenir dans une poêle à paella bien chaude. Réserve.

Hachez finement l'oignon nouveau et l'ail. Dans la poêle dans laquelle a été préparée la lotte, faire revenir à feu doux pendant 10 minutes. Ajoutez les épinards coupés en deux et laissez cuire encore 3 minutes.

Ajouter le poivron rouge et le safran et cuire 30 secondes. Ajouter les tomates râpées et cuire jusqu'à ce que l'eau s'évapore.

Ajouter le riz et cuire 2 minutes. Ajoutez le bouillon jusqu'à saler et laissez cuire 15 minutes. Ajouter la lotte et les pois chiches et cuire encore 3 minutes.

DECEVOIR

La partie restante du riz est essentielle. Il faut attendre au moins 4 minutes avant de servir.

RIZ OU CALDEIRO

CONTENU

200 g de riz

150 g de porc maigre

150 g de côtes de porc

¼ de lapin

¼ l de bouillon de viande ou de poulet

10 gousses de safran

2 tomates râpées

2 gousses d'ail

1 petit poivron rouge

1 oignon

huile d'olive

sel et poivre

TRAITEMENT

Salez, poivrez et faites revenir à feu vif le porc, le lapin et les côtes hachées. Achetez et réservez.

Faites revenir l'oignon, le poivron et l'ail coupés en dés dans la même huile à feu doux pendant 15 minutes. Ajoutez le safran et les tomates râpées. Cuire jusqu'à ce que la tomate absorbe son jus.

Ajouter le riz et cuire 2 minutes. Versez le bouillon jusqu'à ce qu'il atteigne le sel et laissez cuire encore 18 minutes.

DECEVOIR

Le riz doit être sucré. Sinon, ajoutez un peu plus de bouillon en fin de cuisson et remuez délicatement.

RIZ NOIR AUX CALMARS

CONTENU

400 g de riz

1 litre de bouillon de poisson

16 crevettes décortiquées

8 calamars

1 gousse d'ail

2 cuillères à soupe de sauce tomate

8 sachets d'encre de seiche

½ oignon

½ poivron vert

½ poivron rouge

½ verre de vin blanc

huile d'olive

sel

TRAITEMENT

Hachez finement l'oignon, l'ail et le poivron et faites revenir le tout dans une poêle à feu doux jusqu'à ce que les légumes ramollissent.

Ajouter les calamars nettoyés coupés en morceaux de taille moyenne et cuire à feu vif pendant 3 minutes. Ajouter la sauce tomate et cuire encore 5 minutes.

Ajoutez le vin et laissez-le s'évaporer complètement. Ajoutez les sachets de riz et d'encre et faites revenir encore 3 minutes.

Ajouter le bouillon bouillant jusqu'à saler et cuire à 200 °C pendant 18 minutes ou jusqu'à ce qu'il soit sec. Ajoutez les crevettes dans les 5 dernières minutes et laissez reposer encore 5 minutes avant de servir.

DECEVOIR

Il est plus facile pour le riz cuit de bien ressortir à la fin. Accompagnez-le d'un bon aïoli.

RIZ

CONTENU

300 g de riz à grains ronds

120 g de beurre

60 g d'oignon

600 ml de bouillon de poulet (ou eau bouillante)

2 gousses d'ail

1 branche de thym, persil et laurier

TRAITEMENT

Coupez l'oignon et l'ail en forme de brunoise et faites-les revenir dans le beurre avant que leur couleur ne s'estompe.

Lorsqu'il commence à devenir transparent, ajoutez le bouquet garni et le riz. Faire frire jusqu'à ce que le riz soit bien immergé dans l'huile de beurre. Ajouter le bouillon ou l'eau bouillante jusqu'au sel et remuer.

Cuire à feu vif pendant 6 ou 7 minutes, puis réduire le feu à doux, couvrir et poursuivre la cuisson encore 12 minutes.

DECEVOIR

Il peut être cuit au four à 200 ºC pendant 12 minutes jusqu'à ce qu'il sèche. Ce riz est servi en plat principal ou en accompagnement de viandes et de poissons.

FIDEUÁ DE POISSON ET DE FRUITS DE MER

CONTENU

400 g de tagliatelles fines

350 g de tomates

250 g de lotte

800 ml de bande dessinée

4 crevettes

1 petit oignon

1 poivron vert

2 gousses d'ail

1 cuillère à soupe de poivron rouge

10 gousses de safran

huile d'olive

sel et poivre

TRAITEMENT

Faites frire les tagliatelles dans l'huile dans une poêle ou une casserole. Sortez-le et réservez.

Faire revenir les crevettes et la lotte au poivre dans la même huile. Sortez-le et réservez.

Faites revenir l'oignon, le poivron et l'ail haché dans la même huile. Ajouter le poivron rouge, le safran et la tomate râpée et cuire 5 minutes.

Ajoutez les tagliatelles et mélangez. Ajouter le bouillon jusqu'à saler et cuire à feu moyen pendant 12 minutes ou jusqu'à ce que le bouillon s'évapore. Lorsqu'il reste 3 minutes de cuisson, ajoutez les crevettes et la lotte.

DECEVOIR

Servir avec une sauce aïoli noire. Pour ce faire, préparez un aïoli ordinaire et mélangez-le avec un sachet d'encre de seiche.

PÂTES À LA PUTANESCA

CONTENU

1 conserve de 60 g d'anchois

2 gousses d'ail

2 cuillères à soupe de câpres

2 ou 3 grosses tomates râpées

20 olives noires dénoyautées

1 piment fort

Sucre

origan

parmesan

TRAITEMENT

Faites frire les anchois hachés dans l'huile que vous avez retirée de la boîte à feu doux jusqu'à ce qu'ils disparaissent presque. Ajoutez l'ail coupé en très petits morceaux et faites cuire à feu doux pendant 4 minutes.

Ajoutez les câpres hachées, les tomates râpées et les olives dénoyautées et coupées en quartiers. Cuire avec le piment à feu moyen pendant environ 10 minutes (retirer une fois la sauce cuite) et rectifier avec du sucre si nécessaire. Ajouter l'origan et le parmesan au goût.

Faites cuire le type de pâtes que vous souhaitez et ajoutez la putanesca.

DECEVOIR

Vous pouvez ajouter à la préparation quelques carottes râpées et du vin rouge.

CANNELLONI ÉPINARDS ET REGINA

CONTENU

500 g d'épinards

200 g de ricotta

75 g de parmesan râpé

50 g de pignons de pin grillés

16 plats de pâtes

1 oeuf brouillé

Purée de tomates (Voir la section Bouillons et Sauces)

Béchamel (Voir la section Bouillons et sauces)

sel

TRAITEMENT

Faites cuire les plats de pâtes dans beaucoup d'eau bouillante. Retirer, rafraîchir et sécher sur un chiffon propre.

Faire bouillir les épinards dans de l'eau bouillante salée pendant environ 5 minutes. Vider et renouveler.

Mélanger le fromage, les pignons de pin, les épinards, l'œuf et le sel dans un bol. Remplissez les cannellonis avec le mélange et façonnez-les en forme cylindrique.

Déposer une cuillerée de sauce tomate sur une plaque allant au four, garnir de cannellonis et terminer par la sauce béchamel. Cuire au four à 185°C pendant 40 minutes.

DECEVOIR

Vous pouvez utiliser n'importe quel type de fromage pour la garniture et utiliser du fromage de type Burgos pour lui donner plus de texture et de moelleux.

SPAGHETTI DE MER

CONTENU

400 g de spaghettis

500 g d'huîtres

1 oignon

2 gousses d'ail

4 cuillères à soupe d'eau

1 petite tomate

1 petit verre de vin blanc

½ piment

huile d'olive

sel

TRAITEMENT

Nettoyez soigneusement les huîtres de toute trace de saleté en les trempant dans de l'eau froide salée pendant 2 heures.

Après le nettoyage, faites cuire dans une casserole couverte avec 4 cuillères à soupe d'eau et un verre de vin. Filtrer dès l'ouverture et réserver l'eau de cuisson.

Faites revenir l'oignon et l'ail hachés pendant environ 5 minutes. Ajouter les tomates en dés et cuire encore 5 minutes. Ajouter du poivre et cuire jusqu'à ce que tout soit cuit.

Augmentez le feu et ajoutez l'eau de cuisson des pétoncles. Cuire 2 minutes jusqu'à ce que le vin ait perdu toute teneur en alcool et ajouter les huîtres. Cuire encore 20 secondes.

En plus de cuire les spaghettis, égouttez-les et mélangez-les avec la sauce et les huîtres sans les refroidir.

DECEVOIR

Vous pouvez également ajouter à ce plat des cubes de lotte, des crevettes ou des moules. Le résultat est tout aussi bon.

LASAGN AUX PÂTES FRAÎCHES À LA FLORENTINE

CONTENU

pour les feuilles

100 g de farine

2 oeufs

sel

Pour la sauce tomate

500 g de tomates mûres

250 g d'oignon

1 gousse d'ail

1 petite carotte

1 petit verre de vin blanc

1 branche de thym, romarin et laurier

1 morceau de jambon

Pour la sauce du matin

80 g de farine

60 g de parmesan râpé

80 g de beurre

1 litre de lait

2 jaunes d'œufs

noix de muscade

sel et poivre

autres ingrédients

150 g d'épinards nettoyés

parmesan râpé

TRAITEMENT

pour les feuilles

Disposez la farine en forme de volcan sur la table et placez une pincée de sel et les œufs dans le trou au milieu. Mélangez avec vos doigts.

Pétrissez-le avec vos paumes, façonnez-le en boule, couvrez-le d'un linge humide et laissez-le reposer au réfrigérateur pendant 30 minutes. Roulez-le très finement avec un rouleau à pâtisserie, divisez-le en portions, faites cuire et rafraîchissez-le.

Pour la sauce tomate

Coupez l'oignon, l'ail et la carotte en julienne et faites-les revenir avec le bout du jambon. Ajoutez le vin et laissez-le s'évaporer. Ajoutez les tomates coupées en quartiers et les épices et fermez le couvercle. Cuire au four pendant 30 minutes. Corrigez le sel et le sucre. Retirez les herbes et le jambon et remuez.

Pour la sauce du matin

Préparez une sauce béchamel (voir section Bouillons et sauces) aux poids ci-dessus. Retirer du feu et ajouter les jaunes d'œufs et le fromage.

Arriver à une fin

Coupez les épinards en fines juliennes et faites-les cuire dans l'eau bouillante pendant 5 minutes. Bien refroidir et filtrer. Mélanger avec la sauce mornay.

Servir la sauce tomate au fond du moule, puis ajouter les pâtes fraîches et terminer par les épinards. Répétez le processus 3 fois. Terminez avec la sauce mornay et le parmesan râpé. Cuire au four à 180°C pendant 20 minutes.

DECEVOIR

Pour gagner du temps, vous pouvez acheter des feuilles de lasagne.

SPAGHETTI CARBONARA

CONTENU

400 g de pâtes

100 g de lardons

80 g de parmesan

2 oeufs

huile d'olive

sel et poivre

TRAITEMENT

Coupez le bacon en lanières et faites-le revenir dans une poêle chaude avec un peu d'huile. Réserve.

Cuire les spaghettis dans de l'eau bouillante salée. Pendant ce temps, battez les jaunes de 2 œufs et ajoutez le fromage râpé avec une pincée de sel et de poivre noir.

Égouttez les pâtes sans les laisser refroidir et ajoutez-les aux œufs battus sans les laisser refroidir. Cuire à la même température que les pâtes. Ajouter le bacon et servir avec du fromage râpé et du poivre.

DECEVOIR

Les blancs d'œufs peuvent être utilisés pour faire une bonne meringue.

CANNELLONI DE VIANDE AUX CHAMPIGNONS BESAM

CONTENU

300 g de champignons

200 g de bœuf

12 assiettes de cannellonis ou de pâtes fraîches (100 g de farine, 1 œuf et sel)

80 g de parmesan

½ litre de lait

1 oignon

1 poivron vert

2 gousses d'ail

1 verre de sauce tomate

2 carottes

40 g de farine

40 g de beurre

vin blanc

origan

noix de muscade

sel et poivre

TRAITEMENT

Coupez les légumes en petits morceaux et faites-les revenir. Ajoutez la viande et continuez à rôtir jusqu'à ce que le bœuf perde sa couleur rose. Saison. Ajoutez le vin blanc et laissez-le s'évaporer. Ajouter la sauce tomate et cuire 30 minutes. Ajoutez un peu de thym et laissez refroidir.

A part, préparer la sauce béchamel avec le beurre, la farine, le lait et la muscade (voir section Bouillons et sauces). Faites ensuite revenir les champignons et mélangez-les avec la béchamel.

Cuisinez des plats de cannellonis. Remplissez les pâtes de viande et enveloppez-les. Mélanger avec la béchamel aux champignons et saupoudrer de parmesan râpé. Cuire et griller à 190°C pendant 5 minutes.

DECEVOIR

Coupez les cannellonis froids en morceaux pour éviter qu'ils ne se désagrègent. Il suffira alors de réchauffer les portions au four.

GROUPE CALMARS ET LASAgna

CONTENU

pour la béchamel

50g de beurre

50 g de farine

1 litre de lait

noix de muscade

sel

sauce épicée

2 gros poivrons rouges

1 petit oignon

huile d'olive

Sucre

sel

Pour remplissage

400 g de mérou

250 g de calamar

1 gros oignon

1 gros poivron rouge

feuilles de lasagne précuites

TRAITEMENT

pour la béchamel

Préparez la sauce béchamel en faisant griller la farine avec du beurre et en ajoutant du lait. Cuire 20 minutes en remuant constamment et assaisonner de sel et de muscade.

sauce épicée

Rôtissez les poivrons et après les avoir rôtis, laissez-les reposer à couvert pendant 15 minutes.

Pendant ce temps, faites revenir l'oignon coupé en julienne dans beaucoup d'huile. Épluchez les poivrons, ajoutez-les à l'oignon et laissez cuire 5 minutes. Retirez un peu d'huile et mélangez.

Ajustez le sel et le sucre si nécessaire.

Pour remplissage

Faites revenir en julienne l'oignon et le poivron coupés en lanières et ajoutez le mérou. Faire revenir à feu vif pendant 3 minutes et ajouter les calamars. Cuire jusqu'à tendreté.

Disposez la sauce béchamel sur la plaque à pâtisserie et déposez dessus une couche de pâtes à lasagne. Remplissez-le de poisson. Répétez le processus 3 fois.

Terminez par la sauce béchamel et enfournez à 170°C pendant 30 minutes.

Servir en versant dessus la sauce au poivre.

DECEVOIR

Ce sera encore plus délicieux si vous ajoutez à la sauce béchamel quelques carottes cuites et écrasées.

PAELLA MIXTE

CONTENU

300 g de riz

200 g de moules

125 g de calamar

125 g de crevettes

700 ml de bouillon de poisson

½ poulet haché

¼ de lapin haché

1 branche de romarin

12 gousses de safran

1 tomate

1 oignon nouveau

½ poivron rouge

½ poivron vert

1 gousse d'ail

huile d'olive

sel et poivre

TRAITEMENT

Hachez le poulet et le lapin, assaisonnez et faites revenir à feu vif. Achetez et réservez.

Faites revenir l'oignon nouveau, le poivron et l'ail finement hachés dans la même huile pendant environ 10 minutes. Ajouter le safran et faire revenir pendant 30 secondes. Ajouter les tomates râpées et cuire jusqu'à ce que l'eau s'évapore. Augmentez le feu et ajoutez les calamars râpés. Cuire 2 minutes. Ajoutez le riz, faites frire pendant 3 minutes et ajoutez le bouillon jusqu'à ce qu'il atteigne le point de sel.

Ouvrir les moules dans une casserole à couvercle avec un peu d'eau. Montez à bord et faites une réservation dès leur ouverture.

Préchauffer le four à 200°C et cuire au four environ 18 minutes ou jusqu'à ce que le riz soit sec. Ajoutez les crevettes au dernier moment. Sortez-le sur les moules et répartissez-le. Couvrez-le d'un torchon et laissez-le reposer 4 minutes.

DECEVOIR

Lorsque vous ajoutez du sel aux bouillons de riz sec, vous devez toujours ajouter un peu plus de sel que d'habitude.

LASAgne AU FROMAGE FRAIS ET LÉGUMES AU CUMIN

CONTENU

3 grosses carottes

2 gros oignons

1 gros poivron rouge

1 grosse aubergine

1 grosse courgette

1 plateau de fromage Philadelphia

fromage râpé

poudre de cumin

pâtes à lasagne

sauce béchamel

TRAITEMENT

Coupez les légumes en petits morceaux et faites-les revenir dans cet ordre : carottes, oignons, poivrons, aubergines et courgettes. Comptez 3 minutes entre chacun. Après avoir sauté, ajoutez éventuellement du fromage et du cumin. Réserve.

Cuire les pâtes à lasagne selon les instructions du fabricant et préparer en même temps la sauce béchamel (voir section Bouillons et sauces).

Ajoutez une couche de sauce béchamel, une autre couche de pâtes à lasagne, puis placez les légumes dans un plat allant au four. Répétez ce processus 3 fois et terminez en ajoutant une couche de sauce béchamel et de fromage râpé. Cuire au four à 190°C jusqu'à ce que le fromage soit doré.

DECEVOIR

Il existe une grande variété de fromages frais. Une petite chèvre, des herbes, du saumon etc. Cela peut être fait avec .

OÙ EST LA SAUCE YAOURT ET TON BAĞLI ?

CONTENU

400 g de tagliatelles

50 g de parmesan

2 cuillères à soupe de fromage à la crème

1 cuillère à soupe de thym

2 boîtes de thon à l'huile

3 yaourts

sel et poivre

TRAITEMENT

Mélanger le thon non égoutté, le fromage, le yaourt, l'origan, le parmesan, le sel et le poivre dans un bol mixeur. Réserve.

Faites bouillir les pâtes dans beaucoup d'eau salée et égouttez-les avant qu'elles ne refroidissent. Pendant que les tagliatelles sont encore chaudes, assaisonnez avec la sauce et servez.

DECEVOIR

Vous pouvez utiliser cette sauce pour réaliser une belle salade de pâtes froide sans avoir besoin de mayonnaise.

GNOCCHI DE POMMES DE TERRE AVEC SAUCE AU FROMAGE BLEU ET PISTACHES

CONTENU

1 kg de pommes de terre

250 g de farine

150 g de crème

100 g de fromage bleu

30 g de cacahuètes décortiquées

1 verre de vin blanc

1 oeuf

noix de muscade

sel et poivre

TRAITEMENT

Lavez les pommes de terre et faites-les cuire avec leur pelure et le sel pendant 1 heure. Égouttez-les et laissez-les refroidir pour pouvoir les peler. Passez-les au moulin à pomme de terre, ajoutez l'œuf, le sel, le poivre, la muscade et la farine. Pétrissez jusqu'à ce qu'il colle à vos mains. Laissez reposer 10 minutes. Divisez ensuite la pâte en boules (gnocchis).

Faites cuire le gorgonzola dans le vin et continuez de remuer jusqu'à ce que le vin soit presque complètement réduit. Ajoutez la crème et laissez cuire 5 minutes. Assaisonnez de sel et de poivre et ajoutez les cacahuètes.

Faites cuire les gnocchis dans beaucoup d'eau bouillante, égouttez-les et assaisonnez.

DECEVOIR

Les gnocchis sont cuits lorsqu'ils commencent à flotter.

PÂTES CARBONARA AU SAUMON

CONTENU

400 g de spaghettis

300 g de saumon

60 g de parmesan

200 ml de crème liquide

1 petit oignon

2 oeufs

huile d'olive

Sel et poivre noir moulu

TRAITEMENT

Faites cuire les spaghettis dans beaucoup d'eau salée. Pendant ce temps, râpez le fromage et coupez le saumon en petits morceaux.

Faites revenir l'oignon dans un peu d'huile et ajoutez le saumon et la crème. Cuire jusqu'à ce que le saumon soit cuit et assaisonner de sel et de poivre. Une fois le feu éteint, ajoutez les œufs et le parmesan râpé.

Servir des spaghettis fraîchement préparés avec de la carbonara.

DECEVOIR

Si vous ajoutez du bacon à cette sauce, ce sera une garniture parfaite pour vos aubergines au four.

TAGLIATELLES AUX CÈPES

CONTENU

400 g de tagliatelles

300 g de cèpes nettoyés

200 g de crème liquide

1 gousse d'ail

1 verre de grappa

sel

TRAITEMENT

Faites cuire les tagliatelles dans beaucoup d'eau salée. Filtrer et actualiser.

Faites frire l'ail finement haché et ajoutez les champignons tranchés. Cuire à feu vif pendant 3 minutes. Ajoutez le cognac et laissez-le réduire jusqu'à ce qu'il soit presque sec.

Ajoutez la crème et laissez cuire encore 5 minutes. Disposez les pâtes et la sauce dans une assiette.

DECEVOIR

Si les cèpes ne sont pas de saison, les champignons séchés sont une excellente option.

PIZZA AU BARBECUE

CONTENU

pour les masses

250 g de farine

125 g d'eau tiède

15 g de levure fraîchement pressée

huile d'olive

sel

sauce barbecue

1 tasse de tomates frites

1 verre de ketchup

½ tasse de vinaigre

1 cuillère à café de thym

1 cuillère à café de thym

1 cuillère à café de cumin

1 gousse d'ail

1 canette de Coca-Cola

1 piment fort, haché

½ oignon

huile d'olive

sel et poivre

autres ingrédients

Viande hachée (selon goût)

Poitrine de poulet tranchée (au goût)

Bacon haché (au goût)

divers fromages râpés

TRAITEMENT

pour les masses

Mettez la farine dans un bol avec une pincée de sel et faites un volcan. Ajoutez un peu d'huile, de l'eau et de la levure émiettée et pétrissez pendant 10 minutes. Couvrez-le d'un linge ou d'un film étirable et laissez reposer 30 minutes.

Lorsque la pâte a doublé son volume initial, farinez le plan de travail et étalez-le en forme ronde.

sauce barbecue

Coupez l'oignon et l'ail en petits morceaux et faites-les revenir. Ajouter les tomates frites, le ketchup, le vinaigre et cuire 3 minutes. Ajouter le poivre de Cayenne, le thym, l'origan et le cumin. Remuer et ajouter la canette de Coca-Cola. Cuire jusqu'à ce qu'il atteigne une consistance épaisse.

Arriver à une fin

Faites revenir la viande, le poulet et le bacon dans une poêle.

Tapisser une plaque à pâtisserie de papier sulfurisé et y déposer la pâte roulée. Ajoutez une couche de sauce barbecue, une couche de fromage, une autre couche de viande, une autre couche de fromage et terminez par une couche de sauce.

Préchauffez le four à 200°C et faites cuire la pizza pendant environ 15 minutes.

DECEVOIR

Ne mettez pas trop de garniture dessus car cela empêcherait les pâtes de cuire correctement et elles seraient crues.

RISOTTO À LA SAUCISSE BLANCHE AU VIN ROUGE ET À LA ROQUÉE

CONTENU

240 g de riz des bois (70 g par personne)

150 g de parmesan

100 g de roquette fraîche

600 ml de bouillon de viande ou de poulet

2 saucisses blanches allemandes

2 cuillères à soupe de beurre

1 oignon

1 gousse d'ail

1 verre de vin rouge et blanc

huile d'olive

sel

TRAITEMENT

Épluchez l'oignon et l'ail et coupez-les en petits morceaux. Faites revenir 1 cuillère à soupe de beurre à feu doux pendant 10 minutes. Ajouter le riz et cuire encore 1 minute. Ajoutez le vin et laissez-le s'évaporer complètement.

Ajoutez le bouillon bouillant et environ le sel (il doit y avoir 1 doigt au-dessus du riz). Remuez constamment et ajoutez plus de bouillon au fur et à mesure de votre consommation.

Coupez la saucisse en tranches et faites-la revenir dans une poêle. Lorsque le riz est presque cuit et un peu velouté, ajoutez les saucisses sautées.

Complétez l'autre cuillère de beurre avec du parmesan et mélangez. Laissez reposer 5 minutes. Disposez la roquette dessus juste avant de servir.

DECEVOIR

Le meilleur riz pour cette préparation est l'arborio ou le carnaroli.

Nouilles aux crevettes, légumes et lanières de soja

CONTENU

400 g de tagliatelles

150 g de crevettes décortiquées

5 cuillères à soupe de sauce soja

2 carottes

1 courgette

1 poireau

huile d'olive

sel

TRAITEMENT

Faites cuire les tagliatelles dans beaucoup d'eau bouillante salée. Filtrer et actualiser.

Pendant ce temps, nettoyez le poireau et coupez-le en bâtonnets longs et fins. Tranchez les courgettes et les carottes avec un éplucheur de pommes de terre.

Faites revenir les légumes dans une poêle chaude avec un peu d'huile pendant 2 minutes. Ajouter les crevettes et faire revenir encore 30 secondes. Ajouter les graines de soja et les nouilles et cuire encore 2 minutes.

DECEVOIR

Vous n'avez pas besoin d'ajouter du sel à la sauce puisque le soja en contient déjà beaucoup.

TAGLIATELLES DE ROSSEJAT AUX CALMARS ET CREVETTES

CONTENU

1 kg de seiche

400 g de tagliatelles fines

1 litre de bouillon de poisson

16 crevettes décortiquées

3 gousses d'ail

1 cuillère à soupe de poivron rouge

¼ litre d'huile d'olive

TRAITEMENT

Coupez les seiches en petits morceaux et faites-les revenir dans une poêle avec l'ail. Réserve.

Faites bien revenir les tagliatelles dans beaucoup d'huile. Une fois qu'ils sont dorés, égouttez-les et égouttez-les.

Ajoutez les nouilles dans la poêle à paella, ajoutez le poivron rouge et faites revenir pendant 5 secondes. Versez le bouillon, ajoutez l'ail frit et la seiche.

Lorsque les nouilles sont presque cuites, ajoutez les crevettes. Laissez reposer 3 à 4 minutes et servez chaud.

DECEVOIR

Le plus typique est d'accompagner ce plat de sauce aïoli.

Nouilles au filet de porc à CABRALES

CONTENU

250 g de tagliatelles

200 g de fromage cabrales

125 ml de vin blanc

¾l de crème

4 filets de bœuf

huile d'olive

sel et poivre

TRAITEMENT

Coupez la longe en fines lanières. Salez, poivrez et faites dorer dans une poêle chaude. Réserve.

Mettez le vin à mélanger avec le fromage. Ajoutez la crème en remuant constamment et laissez cuire à feu doux pendant 10 minutes. Ajouter le surlonge et cuire encore 3 minutes.

Faites cuire les pâtes dans beaucoup d'eau bouillante salée. Filtrez, mais ne rafraîchissez pas. Ajoutez les pâtes à la sauce et remuez pendant 1 minute.

DECEVOIR

Il est préférable de cuire les pâtes au dernier moment pour que les sauces adhèrent mieux aux pâtes.

SOPHISTE DE MONTAGNE

CONTENU

200 g de haricots blancs

200 g de côtes de porc

150 g de bacon frais

100 g de chorizo frais

1 cuillère à soupe de poivron rouge

2 pommes de terre

1 oreille de cochon

1 articulation

1 pied de cochon

1 boudin noir

1 navet

1 tête de chou

sel

TRAITEMENT

Faire tremper les haricots dans l'eau pendant 12 heures.

Cuire toute la viande et le poivron rouge avec les haricots dans de l'eau froide à feu doux pendant 3 heures jusqu'à ce qu'ils soient tendres. Retirez la viande dès qu'elle devient molle.

Lorsque les haricots sont presque cuits, ajoutez les navets hachés de taille moyenne et les pommes de terre et laissez cuire 10 minutes.

A part, faites cuire le chou en julienne jusqu'à ce qu'il devienne tendre. Ajouter au ragoût et cuire encore 5 minutes. Saison salée.

DECEVOIR

Hachez la viande, placez-la sur une assiette de service et servez la cocotte dans un bol.

HARICOTS DE TOULOUSE

CONTENU

500 g de haricots de Toulouse

125 g de lardons

3 gousses d'ail

1 poivron vert

1 oignon

1 saucisse

1 boudin noir

huile d'olive

sel

TRAITEMENT

Faites tremper les haricots pendant 10 heures.

Couvrir les haricots avec le bacon, le chorizo et le boudin noir dans l'eau froide. Faites-le cuire avec ½ oignon et un peu d'huile. Cuire environ 2 hectares à feu très doux.

Hachez finement les poivrons avec le reste de l'oignon et de l'ail. Faire bouillir lentement pendant 10 minutes et ajouter aux haricots. Ajoutez du sel et laissez cuire encore 3 minutes.

DECEVOIR

Si la cocotte sèche pendant la cuisson, ajoutez de l'eau froide.

www.ingramcontent.com/pod-product-compliance
Lightning Source LLC
Chambersburg PA
CBHW050150130526
44591CB00033B/1226